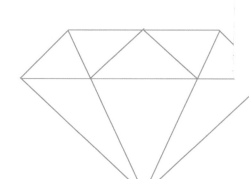

Design of E-commerce Shop

网店装修与设计

主　编　郭瑞姝　高嗣慧　马晓艳

副主编　李　丹　邹爱琴　赵　磊　李　燕
　　　　李春玥

编　委　朱晓磊　李　辉　孙　瑜　孙　超
　　　　王君霞　徐凯伟　王风玲

电子工业出版社

Publishing House of Electronics Industry

北京·BEIJING

图书在版编目(CIP)数据

网店装修与设计 / 郭瑞姝，高嗣慧，马晓艳主编. —北京：电子工业出版社，2018.1
ISBN 978-7-121-28450-2

Ⅰ. ①网… Ⅱ. ①郭… ②高… ③马… Ⅲ. ①电子商务－网站－设计－高等学校－教材
Ⅳ. ①F713.361.2②TP393.092

中国版本图书馆 CIP 数据核字(2018)第 002057 号

策划编辑：张琳岚
责任编辑：马　杰
印　　刷：中国电影出版社印刷厂
装　　订：中国电影出版社印刷厂
出版发行：电子工业出版社
　　　　　北京市海淀区万寿路 173 信箱　　　　　邮编：100036
开　　本：787×1092　1/16　　印张：12.75　　字数：296 千字
版　　次：2018 年 1 月第 1 版
印　　次：2018 年 1 月第 1 次印刷
定　　价：59.80 元

目　录

 产品策划与调研

 电商海报

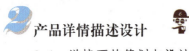

产品详情描述设计

3 首页设计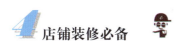

4 店铺装修必备

5 产品摄影

产品策划与调研

0-1-1 行业需求分析

进行行业需求分析需要从行业容量分析、行业趋势分析、品牌成交分析三个方面进行。下面分别对这三方面进行详细说明。

行业容量分析包括：获取行业数据、进行数据处理和分析、找到最合适的行业。

行业趋势分析包括：分析行业增长、爆发、衰退的时间节点，合理布局产品和安排产品销售。

品牌成交分析：掌握市场的竞争度，知道对手在哪里。

0-1-2 行业人群分析

行业人群分析要掌握 5W2H 方法。

What：购买产品的目的是什么？

Why：为什么要买我们的产品？

Where：购买产品的地域分布？

Who：购买产品者的年龄、性别？

When：客户什么时候消费？

How：用怎样的方式购买？

How much：消费者购买层级是哪些？

从目前的网购消费群体年龄分布来看，18-25 岁人群占消费群体的 69%，大学生占 28%，如表 1-1-1 所示。

表 0-1-1

Base：所有淘宝网购用户		所占比率（%）
性别	男	62
	女	38
年龄	18-25 岁	69
	26-35 岁	29
五类	大学生	28
	中学生	2
	中高级白领	37
	普通白领	26
	蓝领	7

0-1-3 产品定位

在进行了行业分析后，就需要进行产品定位，找到和别人比较的优势，要让自己的产品具有以下特点：

❖ 体积较小，方便运输。

❖ 具备独特性或时尚性。

❖ 价格较合理。

❖ 通过网站了解就可以激起浏览者的购买欲。

❖ 线下没有，只有网上才能买到。

目前淘宝网热销产品

1. 化妆品及化妆用品

2. 女装女鞋

3. 电子类产品

4. 女士箱包

5. 流行饰品

6. 家具日用品

化妆品及化妆用品的优势：消费群体大、需求量大、回头客多、任何年代都是畅销的产品。劣势：存在过期变质问题，运输不方便。

女装女鞋的优势：消费群体大、需求量大。劣势：尺码问题、对款式和品牌的要求高，需要卖家独具慧眼。

电子类产品的优势：消费群体大、需求量大。劣势：售后服务问题突出、部分产品存在特殊问题。

家具日用品的优势：消费群体大、需求量大、没有尺码、生产日期的问题。劣势：要有绝对的价格优势、部分商品存在运输问题。

0-2　市场调查产品分析

市场分析	• 拿市场的数据来做分析 • 市场数据：销量、销售额、零售价等
市场调研	• 对市场做调查，研究分析收集的数据 • 调查什么：消费者偏好、需求等

数据分析和市场分析有什么关系？

运营分析、标题分析、推广分析等。

市场分析有什么用？

(1) 如果手里没有货：找市场，选产品，做规划。

(2) 如果手里有货：把控库存和寻找市场插入点。

在选好商品的基础上去看它的市场属性。

淘宝指数能告诉你... ▸ 开始试用 ▸

长周期走势

淘宝上连衣裙的搜索趋势是怎样的？

任一关键词（如商品、行业、事件等）的搜索和成交走势。

人群特性

淘宝上搜索、购买iPhone4的都是什么样的人？

用淘宝指数查看不同商品的消费人群特征。

成交排行

最近7天淘宝最火的搜索词、行业和品牌是？

基于淘宝搜索和成交的排行榜，宏观数据清晰呈现。

TOP15热销类目	
1	女装
2	手机
3	美容护肤
4	数码配件
5	男装

市场细分

北京女白领和20岁大学生都买过什么面膜？

淘宝指数告诉你不同标签的人买过什么商品。

根据往年的搜索指数找到市场的切入点。

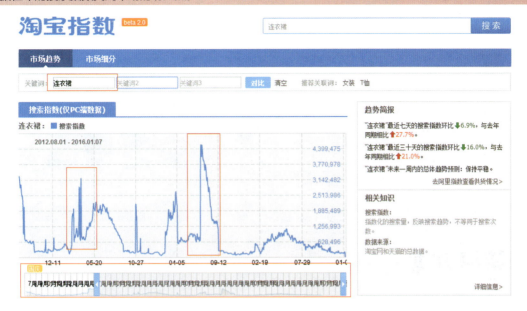

地域细分。

人群定位。

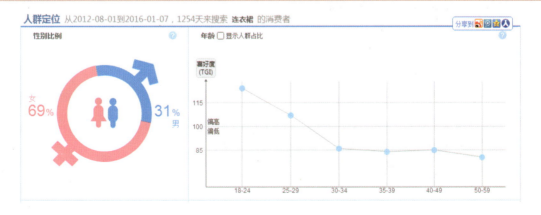

消费层级，消费层级越高越适合卖高价。

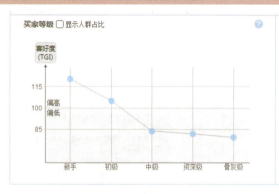
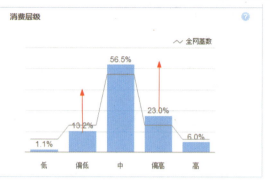

0-3　产品定位

0-3-1　什么是定位

一、定位是头脑争夺战

定位不是对产品要做的事，而是对预期顾客要做的事，要在预期客户的头脑里给产品适当定位。也就是说，公司必须在预期客户的头脑里建立一个"地位"，它不仅反映出公司的优势和劣势，也反映出竞争对手的优势和劣势。

Avis is only No.2 in rent a cars. So why go with us?

We try harder.
(When you're not the biggest, you have to.)

We just can't afford dirty ash-trays. Or half-empty gas tanks. Or worn wipers. Or unwashed cars. Or low tires. Or anything less than seat-adjusters that adjust. Heaters that heat. Defrosters that defrost.

Obviously, the thing we try hardest for is just to be nice. To start you out right with a new car, like a lively, super-torque Ford, and a pleasant smile. To know, say, where you get a good pastrami sandwich in Duluth. Why?

Because we can't afford to take you for granted. Go with us next time.

The line at our counter is shorter.

> **文案：**
>
> **在租车行业，阿维斯仅仅是第二，那么，顾客为什么会选择我们？**
>
> 因为我们更努力。（如果不是老大，就必须如此。）
>
> 要是烟灰盒没清理．油箱里只有半桶油，雨刮器坏了，车没清洗，轮胎瘪了，或者车上没有能调节的座椅，没有暖气，没有能除霜的除霜器，谁还租我们的车、我们怎么活下去？
>
> 虽然，我们最想尽力做到的无非是最好；让您开着一辆像崭新的福特那样的车，脸上带着笑容出发上路，并让您知道，比如，在德卢斯的哪个地方能买到香喷喷、热腾腾的熏牛肉三明治？
>
> 为什么？
>
> 因为怠慢了您．我们可担待不起。
>
> 下次跟我们一起上路吧。
>
> 我们柜台前排的队比较短。

二、定位是争当第一

你在预期客户的头脑里如何才能独树一帜呢？

应该运用广告创造出独有的位置，特别是"第一说法、第一事件、第一位置"。只有创造第一，才能在消费者心中造成难以忘怀、不易混淆的优势效果。

When you're only No.2, you try harder. Or else.

Little fish have to keep moving all of the time. The big ones never stop picking on them.

Avis knows all about the problems of little fish.

We're only No.2 in rent a cars. We'd be swallowed up if we didn't try harder.

There's no rest for us.

We're always emptying ashtrays. Making sure gas tanks are full before we rent our cars. Seeing that the batteries are full of life. Checking our windshield wipers.

And the cars we rent out can't be anything less than lively new super-torque Fords.

And since we're not the big fish, you won't feel like a sardine when you come to our counter.

We're not jammed with customers.

文案：

当你成为第二名时，你将更加努力，别无选择

小鱼必须不停地游动，因为大鱼总在后面追逐。

阿维斯深知小鱼的困境。

在租车业我们排在第二，不加倍努力，我们就会被吞食，我们没有喘息的时间。

我们天天清理烟灰盒，在车子租出之前保证油箱里加满油，电池充满了电，雨刮器检修完毕。

我们出租的车每辆不比任何一辆普利茅斯车差。

而且我们出租的车每辆都不比福特车差。

由于我们不是大鱼，所以到我们柜台来时不会让你感到自己是只小沙丁鱼。

我们不会让顾客难堪。

三、定位是简化信息

在传播过程中，越多就代表越少！

定位是要在目标消费者中给产品一个清晰的地位。尽量减少因多余因素在传播过程中对主信息的干扰，使传播效果最大化。

No.2ism. The Avis Manifesto.

We are in the rent a car business, playing second fiddle to a giant.

Above all, we've had to learn how to stay alive.

In the struggle, we've also learned the basic difference between the No.1's and No.2's of the world.

The No.1 attitude is: "Don't do the wrong thing. Don't make mistakes and you'll be O.K."

The No.2 attitude is: "Do the right thing. Look for new ways. Try harder."

No.2ism is the Avis doctrine. And it works.

The Avis customer rents a clean, new Opel Rekord, with wipers wiping, ashtrays empty, gas tank full, from an Avis girl with smile firmly in place.

And Avis itself has come out of the red into the black.

Avis didn't invent No.2ism. Anyone is free to use it.

No.2's of the world, arise!

文案：

阿维斯声明：第二位主义

我们租一辆车业务，一个巨大的次席。

最重要的是。我们也学会了如何生存。

斗争中，我们也学会了基本的区别第一和第二的世界。

第一的态度是："不要做错事，不犯错，你就会没事。"

第二的态度是："做正确的事，寻找新方法。更加努力。"

阿维斯客户可以租一个干净的新普利茅斯，雨刷擦，烟灰缸空，油箱加满，从阿维斯有礼节性的微笑的女孩。

和阿维斯本身的红色到黑色。

阿维斯并没有发明 No.2ism。任何人都可以免费使用它。

世界第二的出现！

下面我们以 JOHNNIE WALKER（尊尼获加，约翰走路，享誉世界的顶尖威士忌）来说明产品定位的重要性。

苏格兰威士忌

| 百年酿造技术 | 向前迈进的绅士 | 200 年历史 |

所有的人，不论种族、语言，不管从事何种工作或面对不同环境时，都希望以个人的步伐向前迈进

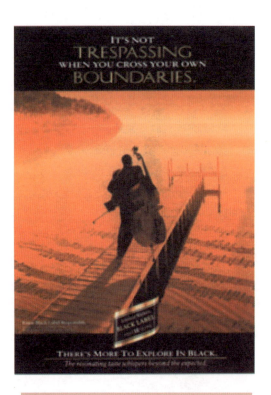

文案：

穿过自己的界限，不是罪过！

在 BLACK LABEL 有更多的探险等着您！

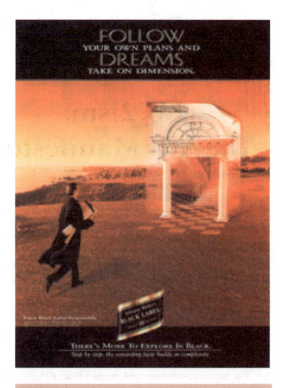

文案：

坚持自己的计划和梦想，必将到达另一个境界！

在 BLACK LABEL 有更多的探险等着您！

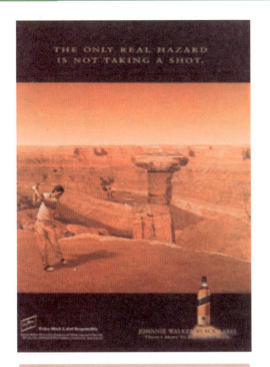

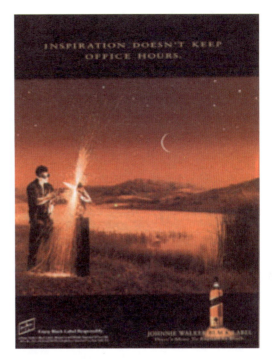

文案：

唯一冒险的事就是没有成功击中它！

在 BLACK LABEL 有更多的探险等着您！

文案：

在办公时间外寻找灵感！

在 BLACK LABEL 有更多的探险等着您！

0-3-2　如何定位

定位是综合了对消费者的界定（Consumer）、对竞争对手的分析（Competitor）、对产品特点的解剖（Product），得出的能提高该产品/品牌市场竞争力的结论。也就是说，我们在为客户品牌做市场定位时，在定位这一个环节应该提供三个主要的答案：

1. 谁是我们的消费者；

2. 我们在什么样的市场结构/产品类型中竞争；

3. 重要的支持点是什么。

在进行产品定位时需要进行品牌定位陈述，完整的品牌定位陈述应包括：目标消费群、品牌名、品牌个性、产品/竞争架构、消费者利益点、重要支持、品牌的核心是什么。可以参考如下格式：

对于＿＿＿（目标消费群）来讲，＿＿＿（品牌）是＿＿＿（品牌个性），是＿＿＿（竞争架构），它能/使＿＿＿（消费者利益），因为它＿＿＿（重要支持）。

案例：裂帛服饰品牌定位陈述

对于都市女性来讲，裂帛是崇尚自由挣脱束缚的代表，是纯棉手工刺绣的民族风服饰，它是新都市女性的选择，因为它的表达的是撕裂衣帛，对生活的放荡不羁，走出束缚，追求原生态的新理念。

分析：从裂帛服饰品牌定位陈述中，我们可以看出：

目标消费群——崇尚自由，喜爱民族风手工刺绣服饰的新都市女性。

品牌名——裂帛服饰。

品牌个性——灵感的野性，让消费者感受自然以及对生活的热爱。

产品/竞争架构——民族风，手工刺绣。

消费者利益点——

　　　　理性的：做工好，纯手工刺绣穿着舒适；

　　　　感性的：设计新颖，体现个性。

　　重要支持——源于少数民族的设计灵感。

　　品牌的核心是什么——保证风格和质量。

案例：N 自由护肤洗发系列品牌定位陈述

　　对于世纪女性来讲，N 自由是自信的、自我的、自由的个人美发护肤专家，它使头发保湿、滋润、修护，因为它有独特的活性自由因子。

　　分析，从 N 自由护肤洗发系列品牌定位陈述中，我们可以看出：

　　目标消费群——世纪女性。

　　品牌名——N 自由洗护系列。

　　品牌个性——自信、自我、自由。

　　产品/竞争架构——个人美发护肤产品。

　　消费者利益点——

　　　　理性的：美发护肤有效；

　　　　感性的：美得有个性。

　　重要支持——独有活性自由因子。

　　品牌的核心是什么——美在于个性。

实训任务

　　根据今天所学，选定一款商品做市场调查和产品定位。

电商海报

1-1 场景合成—男鞋海报

1. 新建画布，宽 1920px，高 600px，颜色模式：RGB。
2. 填充颜色，色号#637d94，将背景颜色改为浅蓝色，如图 1-1-1 所示。

图 1-1-1

3. 因为电脑屏幕尺寸限制，1920px 的宽屏海报也需要把内容控制在 950px 范围内，因此，在制作 1920px 宽屏海报时需要做好参考线。执行"视图"→"新建参考线"→"垂直方向"菜单命令，设置 485px，1435px（需设置两次），如图 1-1-2 所示，做好参考线，如图 1-1-3 所示。

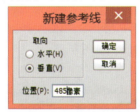

图 1-1-2

图 1-1-3

4. 单击图层面板中"新建图层"按钮 ，选择画笔工具 ，选用柔边缘画笔 ，将前景色调整为白色 ，在画布上涂抹，并将图层填充改为 50% ，如图 1-1-4 所示。

图 1-1-4

5. 再次单击图层面板中的新建图层按钮，选择画笔工具，选用柔边缘画笔，在画布上涂抹，如图 1-1-5 所示。

图 1-1-5

6. 打开素材包，找到"素材 09"，置入画布中，放置在画布右侧，在图层面板单击蒙版 ，选择画笔工具 ，选择柔边缘画笔 ，将前景色调整为黑色 ，用画笔涂抹，如图 1-1-6 所示。

图 1-1-6

7. 打开素材包，找到"素材01"，置入画布中，放置在画布左侧，在图层面板单击蒙版 ，用画笔工具 ，选择柔边缘画笔 ，将前景色调整为黑色 ，用画笔涂抹，如图1-1-7所示。

图 1-1-7

8. 打开素材包，找到"素材02"，置入画布中，放置在画布左侧，在图层面板单击蒙版 ，选择画笔工具 ，选择柔边缘画笔 ，将前景色调整为黑色 ，用画笔涂抹，如图1-1-8所示。

图 1-1-8

9. 打开素材包，找到"素材03"，置入画布中，放置在画布右侧，在图层面板单击蒙版 ，选择画笔工具 ，选择柔边缘画笔 ，将前景色调整为黑色 ，用画笔涂抹，如图1-1-9所示。

图 1-1-9

10. 打开素材包，找到"素材 04"，置入画布中，放置在画布左侧，在图层面板单击蒙版 ，选择画笔工具 ，选择柔边缘画笔 ，将前景色调整为黑色 ，用画笔涂抹，如图 1-1-10 所示。

图 1-1-10

11. 单击图层面板中图像调整按钮 ，选择色相饱和度 色相/饱和度... ，调整饱和度数值，降低"素材 09"的饱和度，切记一定要做剪切蒙版，如图 1-1-11 所示，调整后效果如图 1-1-12 所示。

图 1-1-11　　　　　　　　　　　　　　图 1-1-12

12. 单击图层面板中图像调整按钮 ，选择曲线 曲线... ，调整整体明度，切记一定要做剪切蒙版，如图 1-1-13 所示，调整后效果如图 1-1-14 所示。

图 1-1-13　　　　　　　　　　　　　　图 1-1-14

13. 再次单击图层面板图像调整按钮 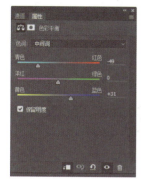，选择色彩平衡 色彩平衡... ，调整整体色调，切记一定要做剪切蒙版，如图 1-1-15 所示，调整后效果如图 1-1-16 所示。

图 1-1-15　　　　　　　　　　　　图 1-1-16

14. 单击图层面板图像调整按钮 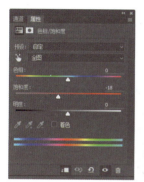，选择色相饱和度 色相/饱和度... ，调整饱和度数值，降低饱和度，切记一定要做剪切蒙版，如图 1-1-17 所示，调整后效果如图 1-1-18 所示。

图 1-1-17　　　　　　　　　　　　图 1-1-18

15. 打开素材包，找到"素材 05"，置入到画布中，在图层面板单击蒙版 ，选择画笔工具 ，选择柔边缘画笔 ，将前景色调整为黑色 ，用画笔涂抹，如图 1-1-19 所示。

图 1-1-19

16. 打开素材包，找到"素材 07"，置入到画布中，在图层面板单击蒙版 ，选择画笔工具 ，选择柔边缘画笔 ，将前景色调整为黑色 ，用画笔涂抹，将图层填充调整为 34% 填充：34% ，图层混合模式调整为"滤色" 滤色 ，如图 1-1-20 所示。

图 1-1-20

17. 将"素材 07"再次置入到画布中，在图层面板单击蒙版 ，选择画笔工具 ，选择柔边缘画笔 ，将前景色调整为黑色 ，用画笔涂抹，将图层填充调整为 34% 填充: 34%，图层混合模式调整为"滤色" 滤色，如图 1-1-21 所示。

图 1-1-21

18. 将"素材 06"再次置入到画布中，在图层面板单击蒙版 ，选择画笔工具 ，选择柔边缘画笔 ，将前景色调整为黑色 ，用画笔涂抹，将图层填充调整为 41% 填充: 41%，图层混合模式调整为"滤色" 滤色，如图 1-1-22 所示。

图 1-1-22

19. 单击图层面板新建图层按钮 ⬚ ，选择椭圆选框工具 ◯ ，将羽化值调整为 30 羽化: 30 像素 ，在画布中绘制椭圆选框，并填充白色，如图 1-1-23 所示。

图 1-1-23

20. 按 Ctrl+J 键，复制椭圆图层，如图 1-1-24 所示。

图 1-1-24

21. 单击图层面板新建图层按钮 ⬚ ，选择画笔工具 ✎ ，选择柔边缘画笔 ⬤ ，把前景色调整为深灰色，在画布中间画出鞋子阴影，如图 1-1-25 所示。

图 1-1-25

22. 单击图层面板新建图层按钮 ![按钮]，选择画笔工具 ![工具]，调整画笔硬度 ![硬度：44%]，把前景色调整为深灰色，在画布中间画出鞋子阴影，如图 1-1-26 所示。

图 1-1-26

23. 对全图进行调色，首先单击图层面板中的图像调整按钮 ![按钮]，选择色阶 ![色阶...]，调整明暗对比度，如图 1-1-27 所示，调整后效果如图 1-1-28 所示。

图 1-1-27　　　　　　　　　　　　　　图 1-1-28

24. 再次单击图层面板中的图像调整按钮 ![按钮]，选择色彩平衡 ![色彩平衡...]，调整整体色调，如图 1-1-29 所示，调整后效果如图 1-1-30 所示。

图 1-1-29　　　　　　　　　　　　　　图 1-1-30

25. 再次单击图层面板中的图像调整按钮 ，选择曲线 曲线...，调整整体明度，如图 1-1-31 所示，调整后效果如图 1-1-32 所示。

图 1-1-31   图 1-1-32

26. 调亮局部，单击图层面板新建按钮 ，选择椭圆选取框工具 ，将羽化值调整为 50 羽化: 50 像素，在画布中绘制椭圆选框，并为其填充白色，图层混合模式调整为"叠加" 叠加，如图 1-1-33 所示。

图 1-1-33

27. 单击图层面板中的图像调整按钮 ，选择色阶 色阶...，调整整体明度，如图 1-1-34 所示，调整后效果如图 1-1-35 所示。

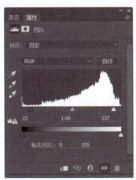

图 1-1-34   图 1-1-35

28. 打开素材库中的男鞋素材，将男鞋抠出，置入画布中，如图 1-1-36 所示。

图 1-1-36

29. 单击图层面板中的图像调整按钮 ◉，选择曲线 曲线...，调整整体明度，注意做好剪切蒙版，如图 1-1-37 所示，调整后效果如图 1-1-38 所示。

图 1-1-37   图 1-1-38

30. 单击图层面板中的图像调整按钮 ◉，选择色阶 色阶...，调整整体明度，如图 1-1-39 所示，调整后效果如图 1-1-40 所示。

图 1-1-39   图 1-1-40

31. 添加图层，前景色调整为白色 ☐，选择画笔工具 ✎，沿鞋子边缘画出轮廓，如图 1-1-41 所示。

图 1-1-41

32. 将图层用剪切蒙版显示在鞋子内，并将图层填充调整为 75% 填充: 75% ，图层混合模式改为叠加 叠加 ，如图 1-1-42 所示。

图 1-1-42

33. 选择文字工具 T ，输入"行无疆"，字体为"造字工房力黑"，字号 117 号，按 Ctrl+T 键，旋转字体方向，如图 1-1-43 所示。

图 1-1-43

34. 将文字图层栅格化 栅格化文字 ，添加图层蒙版，选择画笔工具 ，选择 ，将前景色调整为黑色，调整好画笔大小，在文字上轻轻涂抹，做出文字效果，如图 1-1-44 所示。

图 1-1-44

35. 用同样的方法做出另外一个带效果的"心无界",如图 1-1-45 所示。

图 1-1-45

36. 画出矩形,填充颜色# 445663,并输入文案信息,如图 1-1-46 所示。

图 1-1-46

37. 按 Ctrl+Alt+Shift+E 键,将所有可见图层合并,添加图层蒙版 ,给鞋子的顶端部分加高光,如图 1-1-47 所示。

图 1-1-47

38. 单击图层面板中的图像调整按钮 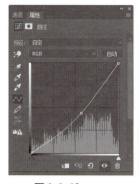，选择曲线 曲线... ，调整整体明度，如图 1-1-48 所示，调整后效果如图 1-1-49 所示。

图 1-1-48

图 1-1-49

39. 单击图层面板中的图像调整按钮 ，选择色阶 色阶... ，调整整体明度，如图 1-1-50 所示，调整后效果如图 1-1-51 所示。

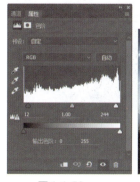

图 1-1-50

图 1-1-51

40. 单击图层面板中的图像调整按钮 ，选择曲线 曲线... ，分别调整红、绿、蓝三个通道，如图 1-1-52、图 1-1-53、图 1-1-54 所示，调整后效果如图 1-1-55 所示。

图 1-1-52　　　　　　　　　　图 1-1-53　　　　　　　　　　图 1-1-54

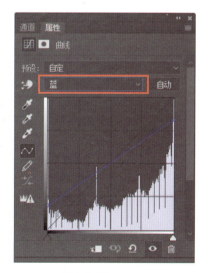

图 1-1-55

41. 单击图层面板中的图像调整按钮 ，选择亮度/对比度 ，如图 1-1-56 所示，调整后效果如图 1-1-57 所示。

图 1-1-56   图 1-1-57

42. 添加图层，把前景色调整为黑色，用画笔工具分别在图片左下角及右下角涂抹，并将图层模式调整为柔光 ，完成最终效果图。

实训任务

以"森林夜景"为主题，完成一幅夜景海报。根据自己的思路在设计手稿中画出草图，然后完成场景合成的海报，上交电子版作品，要求是 jpg 格式。

1-2 场景合成—巧克力海报

1. 拿到主题以后首先赋予它一个故事，再根据故事去找对应的素材，最后搭建场景。今天的故事是这样的：终于到了决战的时刻了，外边的雨刚停，橄榄球场上泥泞不堪，犹如洒满了巧克力酱。红队和蓝队"一路厮杀"为的就是这一天。队长吃了一块好时巧克力顿时全身充满了能量。根据故事搜集一些素材，如图 1-2-1 所示。

图 1-2-1

2. 通过素材提取关键词：对抗，喷溅，流体，环绕，平衡，简单，干净，橄榄球，力量，团队等。

3. 开始制作，平分画面，一个红队一个蓝队，颜色先深一点，后期添加叠加效果提亮，如图 1-2-2 所示。

4. 提亮背景，用柔软的白色画笔，然后变形，叠加到背景上，给出一个支撑点，如图 1-2-3 所示。

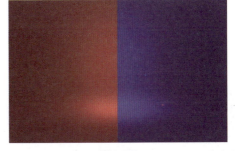

图 1-2-2   图 1-2-3

5. 置入巧克力素材，确定光源后，在巧克力的上边缘用柔软的白色画笔提亮，效果叠加。做完一层后，如果感觉效果不够亮，可以再做几层。下边缘用柔软的黑色画笔调暗，效果叠加。注意：上边缘叠加几层后可能会曝光过度，根据画面，适当调整一下叠加效果的透明度，如图 1-2-4 所示。

图 1-2-4

6. 用柔软的黑画笔画出产品下的投影，压扁，放在产品下方。对巧克力图层建立蒙板，切除一部分，沿着切除的弧线，用钢笔勾勒 1 像素的线，进行叠加，因为包装是有厚度的，因此在这里体现一下厚度，如图 1-2-5 所示。

图 1-2-5

7. 把一大块巧克力变成 3 列，整体调色，上部用画笔调亮，下部用画笔调暗。巧克力和包装的地方画上投影，如图 1-2-6 所示。插入喷溅的流体，擦去多余的流体，注意图层位置。

8. 注意让流体保持一个曲线的造型，然后再整体调色，如图 1-2-7 所示。

图 1-2-6

图 1-2-7

9. 整个场景缺少光源，由于不是室外所以不能依靠自然光，可以在包装上添加亮点高光，提亮整体画面。拖入红蓝头盔做出高光和投影，增加阵营感。再添加朱古力球，注意朱古力球上的高光朝向产品高光的位置，对有些球可以加点动感，使之模糊。最后添加人物和喷溅出来的流体，注意高光位置，整幅图就大功告成了，如图 1-2-8 所示。

图 1-2-8

实训任务

完成课上的海报以后，自行搜索，准备素材，完成一幅"好时巧克力"海报。根据自己的思路在设计手稿中画出草图，可用铅笔，然后完成场景合成的海报，上交电子版作品，要求是 jpg 格式。

1-3 场景合成—汉堡海报

一部好的电影一定是由主角与配角相互搭配共同完成的。在平面设计中，主体与背景就像主角与配角的关系，背景烘托主体，主体衬在背景上。背景色彩有 7 种色调，如图 1-3-1 所示，主体颜色与背景颜色要有明显的反差，这样才能更好地突出主体。

图 1-3-1

设计中的背景大致可以分为纯颜色、场景、渐变、肌理、图形五大类别。纯颜色背景不是指纯度高的颜色，而是指单纯以颜色为背景，当然也可以是两种不同颜色的拼贴，或者同一色系的颜色拼贴；场景背景可以是有空间感的照片，也可以是用渐变营造出的空间感来作为背景；渐变的种类比较多，有一种色相的渐变，也有不同色相的渐变，渐变都有指向性的特点，所以有明显方向指向性的图案背景也是渐变。

图 1-3-2 是一个介绍汉堡的画面，分别以纯颜色、场景、渐变为背景进行设计。

图 1-3-2

下面以场景背景为例，介绍制作过程。

1. 先从素材包里置入舞台背景，根据视角做一下高斯模糊的处理，并调整合适大小。用径向渐变模拟一个追光的效果。在舞台的右边，同样调整地面的光影，对汉堡素材抠图，置入，如图 1-3-3 所示。

图 1-3-3

2. 将背景与商品结合起来，对汉堡包进行修饰，使背景和商品相呼应，达到融合统一和上下比例协调的效果。对汉堡的面包片、蔬菜、牛肉等做出明暗效果，同时添加木板、底层蔬菜和文字，注意光影的效果，如图 1-3-4 所示。

图 1-3-4

3. 对其它素材也用同样的原理进行处理，最后将素材整合。

实训任务

完成课上的海报以后，以"啤酒"为主题，完成一幅全屏首页海报。素材自行准备，根据自己的思路在设计手稿中画出草图，可用铅笔，然后完成场景合成的海报，上交电子版作品，要求是 jpg 格式。

1-4 场景合成—圣诞海报

1. 前期准备：本节制作一个圣诞节海报，首先考虑圣诞节海报的组成元素，大雪、圣诞树、礼物、壁炉、火鸡、阁楼等，如图 1-4-1 所示，要给人温馨、暖和的感觉。

图 1-4-1

2. 考虑好思路后开始着手制作。首先准备好背景，选择阁楼和星空，把素材置入画布，修掉不需要的场景。我们要打造的场景是室内夜晚的空间，在阁楼上能看到星星，室内壁炉燃烧，很温暖，灯光洒在室内的每一个角落。接下来需要营造气氛。

3. 把整体场景调暗，并且在屋顶添加一盏黄色的灯。再把没有照到的角落调暗，氛围开始出现，如图 1-4-2 所示。

4. 接着打造一个支撑点，我们用地板来支撑。很难找到同种角度和相同规格的地板，需要对素材进行改造。把一块模板复制成几块，拼接成一个大地板，如图 1-4-3 所示，合并后变形到图 1-4-4 的角度，注意透视和角度。

图 1-4-2   图 1-4-3   图 1-4-4

5. 添加的地板色调跟整个场景偏离，需要校正。选中地板进行调色，首先降低饱和度，再把四周调暗。为了渲染氛围，在地板的中间制作一个光照射下来的景色，选用暖暖的黄光颜色，以增加室内的温度，如图 1-4-5 所示。

6. 复制一块地板，然后拉直，取其中的一小块，调暗，做成地板的厚度。本场景是从阁楼室外看到室内的效果，所以，要做出一个屋檐。取一片素材，调整颜色，给屋檐添加上天空的环境色，再取一片素材调暗，让屋檐看着不那么单调，如图 1-4-6 所示。

图 1-4-5

图 1-4-6

7. 为了增加圣诞氛围，在屋檐上添加圣诞节元素的彩条，复制做出另一边的屋檐，水平翻转。把屋顶窗外多余的地方删除，露出背景天空，如图 1-4-7 所示。

8. 做出圣诞墙壁，置入画布，并调整色彩和明暗调，如图 1-4-8 所示。添加玻璃，窗帘，调整颜色后放到指定的位置。注意窗帘的颜色，素材原来的颜色跟环境不协调，经过调整，让窗帘跟环境协调，统一，如图 1-4-9 所示。要注意的是，不管选什么素材，在使用之前一定要调色。

图 1-4-7

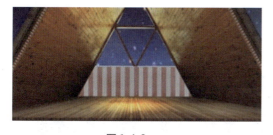

图 1-4-8

图 1-4-9

9. 以上就是打造的场景，最后把素材抠图放入画布，添加投影和更换角色，分别添加沙发、书柜、钟表等素材，注意调整环境色和投影。最后添加模特和文字。注意模特要根据光源制作出影子，文字增加吊绳，完成后如图 1-4-10 所示。

图 1-4-10

实训任务

完成课上的海报以后，根据"圣诞节"的主题完成一幅羽绒服产品的全屏首页海报。素材自行准备，根据自己的思路在设计手稿中画出草图，可用铅笔，然后完成场景合成的海报，上交电子版作品，要求是 jpg 格式。

1-5　场景合成—海底效果海报

很多化妆品为了增加补水效果常常把海报做成水底的效果，本节学习海底效果的场景合成。

1. 在网上搜索要用到的素材，如海面、天空、鱼、礁石等，见图 1-5-1。

图 1-5-1

2. 根据素材先做一个规划，然后按照海切面的顺序调整好素材位置，如图 1-5-2 所示，注意比例。

图 1-5-2

3. 根据海面和海底的实际情况，处理海平面和海底的衔接部分。用钢笔工具把沿着浪花的纹理去掉一部分，注意使用图层蒙版，如图 1-5-3 所示。

图 1-5-3

4. 调整海底颜色，加些蓝色，并调暗，天空也要相应变蓝些。添加一个主标题文字，把它做成石头的效果。先选择一款比较像岩石的字体，复制多层，做出有厚度的立体效果，再对细节处进行处理。岩石应有一些不规则的形状，用画笔做一些锯齿，做出缺口效果，如图 1-5-4 所示。

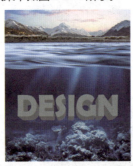

图 1-5-4

5. 用画笔把暗部加上高光，增加立体效果。选择一个带纹路的画笔，最后再贴上一层石头的素材，到此岩石效果的文字就完成了。再把文字一半露出海面，一半放在海里，如图 1-5-5 所示。

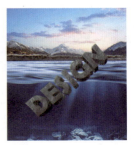

图 1-5-5

6. 对海底和海面的衔接部分进行处理，得到两部分，分别按照环境色进行调色，如图1-5-6所示。最后添加上一些海底动植物，得到图1-5-7所示的效果。对商品也可以进行同样的处理，以此来强调补水，或者海洋提取等效果。

 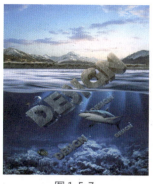

图1-5-6   图1-5-7

实训任务

完成课上的海报以后，把一款"化妆品"做成海底的效果，要求：全屏首页海报，素材自行准备，根据自己的思路在设计手稿中画出草图，可用铅笔，然后完成场景合成的海报，上交电子版作品，要求是jpg格式。

1-6 矢量海报—森林夜景

先介绍矢量图的定义：矢量图也称为面向对象的图像或绘图图像，在数学上定义为一系列由线连接的点。矢量图文件中的图形元素称为对象，每个对象都自成一体，是具有颜色、形状、轮廓、大小和屏幕位置等属性的一个实体。

矢量图是根据几何特性绘制的图形，矢量可以是一个点或一条线，矢量图只能用软件生成，这类图形的文件占用的空间较小，文件中包含独立的分离图像，它们可以无限制重新自由组合。矢量图的特点是放大后图像不会失真，和分辨率无关，适用于图形、文字设计和一些标志、版式设计等。

钢笔和矩形工具是Photoshop中最常用的矢量工具。

1. 不论画什么图，第一步首先是把整体必要元素勾勒出来。如图1-6-1所示，先用渐变填充，把背景做成森林夜景的杨色。

2. 用钢笔工具勾勒出前面的山坡，勾出后上色，根据渐变的背景进行调整，这里在原来颜色的基础上叠加一层滤色的白色。

然后把树木画出来。要注意的是，做这些工作的时候要多考虑场景，场景中山坡后树木的右边是遮掩掉的，所以要用到图层蒙版，可以用黑白渐变隐掉，也可以用橡皮擦擦掉。注意：如果使用橡皮擦的话，一定要把流量、透明度调低，然后反复擦，尽量让它柔和，效果如图1-6-2所示。

图1-6-1   图1-6-2

3. 完成到这一步就开始有点夜景的感觉了，再加入星星和月亮，渲染场景感。使用画笔工具绘制星星，对画笔进行设置，设置完成后在背景上点点点，随意装饰自己的星空，要注意的是数值是不固定的，根据情况进行设置。使用布尔运算绘制月亮，减去顶层，并添加外发光，如图1-6-3所示。

4. 在森林上空加上若隐如现的雾气，营造气氛。雾气制作方法：新建一个图层，然后根据需要用滤镜调整。如：动感模糊、高斯模糊，如图 1-6-4 所示。如果对做出来的滤镜效果不满意，可以用橡皮擦稍微进行擦拭。

图 1-6-3   图 1-6-4

5. 用钢笔工具把山的形状勾勒出来，如图 1-6-5 所示，很多形状都是用图层合成得到的，要善于拆解图形得到想要的画面。

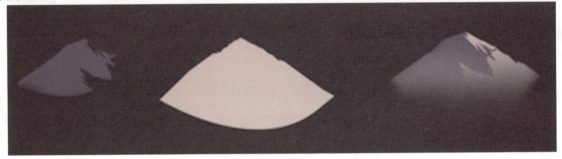

图 1-6-5

下面介绍光影的理论知识。

1）联系阴影

"联系阴影"也称为"接触阴影"，这是一种非常重要的阴影，使用这种阴影可以表示物体是放在地上的，或者与某个表面靠得很近，这种阴影的特点是比较黑，但又不是纯黑，它有一定的透明度和边缘柔和度。

2）软阴影

这种阴影是一种特别重要的阴影，它能让合成真实感再提升一个档次。在绘制这种阴影时，操作者的自由度更大，只要设置一个柔和度大一点的笔刷，25%～40%左右的强度，然后在物体周围绘制。记住，阴影的透明度要从物体向远处逐渐变低渐隐。

3）投射阴影

使用投射阴影可以创建更真实的效果，投射阴影是物体阻挡光线后投射到地面或者其他表面上的投影，这种阴影受物体形状的影响较大，在 Photoshop 中一般直接使用物体的形状来制作这种阴影。

6. 在山脚下加入一点白色雾气，新建图层，调整滤镜，使用动感模糊，高斯模糊，用橡皮反复擦拭，调整整体细节。最后用色相饱和度调整整体或者局部的色调，完成自己的矢量海报，如图 1-6-6 所示。

图 1-6-6

完成课上的海报以后，根据"森林夜景"的主题完成一幅夜景海报。根据自己的思路在设计手稿中画出草图，可用铅笔，然后完成场景合成的海报，上交电子版作品，要求是 jpg 格式。

1-7 矢量海报—春节海报

本节学习用钢笔工具绘制春节海报当中的一个具有代表性的物品——灯笼。

1. 首先在纸上画出草图，根据草图在 Photoshop 中用钢笔勾勒形状，尽量让灯笼的边缘圆滑一点，灯笼的两边要对称。造型是整幅图的基础，可以多次修改，直到满意为止。然后给灯笼添加颜色，刚开始的时候，颜色添加得暗一点，如图 1-7-1 所示，最后加高光时进行提亮。

图 1-7-1

2. 根据光影成像原理，画出阴影，增加灯笼的立体感。区分好高光、暗调和中间调。用钢笔工具画出纯黑色阴影，选取以后进行羽化，图层的混合模式选用正片叠底，调节透明度，如图 1-7-2 所示。

图 1-7-2

3. 画出受光面，进一步塑造立体感，塑造局部。调整颜色，相互衬托做颜色。上倾向色，用叠加和半透明进行调整。再添加冷反光、轮廓光、高光，增加冷暖对比、体积感和完整度。注意这些小细节，达到即体现体积又表达质感的目的，如图 1-7-3 所示。

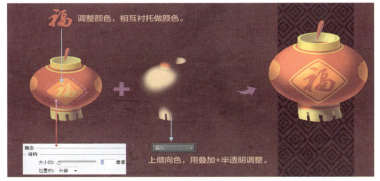

图 1-7-3

4. 现在一个矢量灯笼图就完成了，春节海报中除了灯笼还应有其它元素，如鞭炮、礼花等。用同样的方式画出它们。要以喜庆为主，把产品和春节结合起来。在颜色上以红色或其他暖色调为主，主色调占海报 50%以上，颜色不要过多，控制在 3 种左右，版面以简单为主，构图要明确，如图 1-7-4 所示。

促销文案根据产品来定，颜色以喜庆的红色或者暖色调为主。字体以毛笔字或者古典字体为主。

图 1-7-4

实训任务

完成课上的灯笼绘制以后，根据"春节"主题绘制元宝。根据自己的思路在设计手稿中画出草图，可用铅笔，然后完成一幅春节海报，上交电子版作品，要求是 jpg 格式。

1-8 矢量海报—城市街景

色彩就是颜色。色彩跟人的情绪有密切的关系。色彩会影响人的视觉神经，给人以震撼、感动、警觉、感悟、排斥、喜爱等感觉。比如红色给人以刺激，粉色给人以安抚，绿色象征活力，黑色显得庄严，银色象征奢华等。人们由于日常的生活习惯和常识，在脑海中会潜移默化地对色彩有基本的认识和感知度，如到了春天会不自觉地想到绿色，看到冰和冷色调会不由自主地有丝丝凉意等。本节绘制一张让人心情好的矢量海报。

1. 先把城市的元素提炼出来，有妩媚的天空、大海、近处及远处的房屋，如图 1-8-1所示。

图 1-8-1

2. 根据情况绘制元素，先选择三组同类色绘制房屋。在绘制房屋时可参考下图，先画出大体的形状和窗户，再增加高光和阴影关系，如图 1-8-2 所示。

图 1-8-2

3. 绘制三种常见的房屋形式，组成城市一角，也可以尝试多种样式。对近景仔细绘制，对中景和远景的房子可以用简单的矩形代替，注意阴影和高光，如图 1-8-3 所示。

图 1-8-3

4. 有了房子以后，再绘制其他元素，在绘制过程中多运用透明度和渐变色调得出令人愉快的颜色，如图 1-8-4 所示。

渐变颜色　　　　云朵和太阳　　　　　　　　　　　　渐变颜色　　　　水影和小船

图 1-8-4

5. 最后把元素整合到一幅图上，在原基础上加一些微弱的高光和渐变色，提升整体画面的美感，如图 1-8-5 所示。

原图　　　　　　　　　　　　　　　　修饰后

图 1-8-5

下面再简单介绍色彩的理论知识，色彩的三大属性为：色相、饱和度、明度。

色相：指物体上物理性的光反射到人眼视神经上产生的感觉。

饱和度：指色彩的鲜艳程度，也称色彩的纯度。饱和度取决于该色中含色成分和消色成分(灰色)的比例。含色成分越大，饱和度越大；消色成分越大，饱和度越小。

明度：指色彩的亮度。

实训任务

完成课上的海报绘制以后，再用城市的其他元素绘制一幅"城市街景"海报。根据自己的思路在设计手稿中画出草图，可用铅笔，然后完成矢量海报，上交电子版作品，要求是 jpg 格式。

产品详情描述设计

2-1 详情页的策划与设计

2-1-1 优秀详情页分析

本节学习如何对详情页排版布局，在排版布局之前，先看一些比较好的详情页是怎么排版布局的。

图 2-1-1

图 2-1-1 中展示的韩都衣舍服装，从宝贝主图到宝贝标题都非常优秀，当卖家经过一系列推广引进之后，其宝贝详情页也一定非常优秀，这可以通过销量看出。现在从上往下依次分析，看看这个详情页是怎么设计的。

一、首屏海报

根据网上流传的前三屏 3 秒注意力原则，开头的大图是首屏海报，这是视觉的焦点，背景应该采用能够展示品牌特性以及产品特色的意境图，这样可以在第一时间吸引买家的注意力。

二、关联推荐模块、高清全局整体大图

高清大图很重要，很多宝贝详情页都需要有这样一张图片，让买家第一眼就能看到宝贝的全貌。

关联推荐模块   高清整体大图

图 2-1-2

三、宝贝功能参数

尺码、颜色、洗涤说明、详细的尺码记录、试穿记录、多款颜色(统一款式的不同颜色展示)。

图 2-1-3

四、设计解读

介绍功能描述之外的一些卖点。

图 2-1-4

五、搭配、模特情境图

宝贝穿在身上的模特实拍图,模特搭配很详细,都是很漂亮的图片,有室内的,有室外的,让每个潜在买家都能联想一下自己穿这身衣服的效果。

图 2-1-5

六、宝贝实拍

展示衣服全貌,多种颜色,详细介绍衣服各个方面。

图 2-1-6

七、宝贝细节图

　　细致入微，通过八大细节描述，一步步地让买家走进这个产品，利用特别清晰醒目的细节大图搭配上文字介绍，淋漓尽致地展示宝贝的细节。

图 2-1-7

八、合格证

展示第三方证明检测报告，增加买家对产品的信任感和品质的认可。

图 2-1-8

这款详情页图文并茂地通盘展示了整个宝贝，是非常典型、优秀的黄金宝贝详情页。

2-1-2　客户需要哪些信息，制作详情页需要注意什么

　　客户需要的信息就是我们应该提供的信息，客户需要哪些信息？图 2-1-9 的左图呈现得很清晰。客户需要的信息，应呈现在对应的宝贝详情页中。2-1-9 的右图做了对应的分析，阐述了制作宝贝详情页时需注意的要点。

图 2-1-9

2-1-3　如何布局详情页内容

　　下面通过图 2-1-10 到图 2-1-21 阐述详情页需要包含哪些元素以及怎么样呈现。我们可以根据自己的产品进行联想，内容跟呈现方式可能不完全相同，但道理都是相同的。

①
收藏＋关注

轻松减10元

购物立减5元

优惠幅度可以调整

图 2-1-10

②
焦点图

突出单品的卖点，吸引眼球

图 2-1-11

③
推荐热销单品

爆款推荐 Hot Sale

3~4个必须是店铺爆卖单品，性价比好的

图 2-1-12

④
产品详情＋尺寸表

编号

产地

颜色

重量

洗涤条件

尺码表
SIZE CHART

尺寸表

图 2-1-13

⑤
模特图

一张正面   一张反面   一张侧面

图 2-1-14

⑥
实物平铺图

衣服的颜色种类展示出来，不同的颜色代表什么性格或者展示什么风格

⑦
场景图

模特在不同的场台角度，引起视觉的美感

图 2-1-15

⑧
产品细节图

袖子、拉链、吊牌位置、纽扣、帽子等

图 2-1-16

⑨
同类型商品对比

同类 质量不好的   基价 效果不好的

图 2-1-17

⑩
买家秀展示或者好评截图

展示买家分享的照片，长得好看的

图 2-1-18

⑪
搭配推荐

情侣款   中长款

不要和上面的推荐重复

搭配推荐

图 2-1-19

⑫
购物须知

/ 退换货说明

首先，我们真诚的向您道歉，无论什么原因让您要退换货和退货，我们感到万分歉意和歉意。也请你宽松心情，无论什么问题请您与我们沟通，我们会尽最大努力解决！

退货流程图示（为了您的退换货更加顺畅和快捷，请您务必用心了第一下退换流程）

收到商品   不满意   与客服确认为质量问题   买家承担运费   评价

与客服确认为非质量问题   卖家承担运费

邮费、发货、退换货、衣服洗涤保养、售后问题等

图 2-1-20

⑬
品牌文化简介

让买家觉得品牌质量可靠，容易得到认可！

图 2-1-21

2-1-4　详情页调研信息，有哪些因素让买家决定购买

详情页是营造良好客户体验，把浏览量转化为消费的前沿阵地，那么怎样才是最好的详情页呢？联合淘宝用研团队通过对用户的深入研究，从定性和定量两方面提出了淘宝详情 11 个模块的总体建议，如图 2-1-22、图 2-1-23、图 2-1-24 所示。

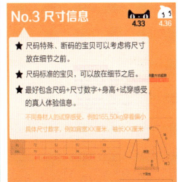

图 2-1-22

图 2-1-23

图 2-1-24

当你看到这里的时候，基本也接近消费者对宝贝详情页信息的接受极限了。仅有大约 20%的消费者会在详情页停留 2 分钟以上。毫无疑问，精确简练的详情页将是我们追求的目标。

2-1-5　详情页三大注意事项

理想情况下的详情页一定是千人千面，要从买家流量来源、买家喜好角度进行客源分析，在做好详情页同时配合售前售中客服的引导才是成交转化的关键。

一、停留时间

停留时间并不代表用户的实际浏览时间，详情页内容过多的话，光加载时间就让买家等很久，没等到你的图片显示完毕，用户就把页面关闭了。据调查，买家在详情页平均停留时间是 70 秒，50.07%的买家看了 30 秒左右就把页面关掉了，如图 2-1-25 所示。

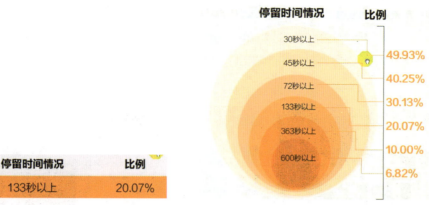

停留时间情况	比例
133秒以上	20.07%

图 2-1-25

二、最佳屏数

一些商家有疑虑：我的详情页包含完整的 11 个模块，为什么转化率仍然很低？排除价格因素和用户理性或感性认识的区别外，买家对详情页的浏览习惯也是重要指标。而未来，我们还必须考虑在移动互联网多终端登录的条件下买家对详情页的接受习惯，图 2-1-26 和图 2-1-27 展示的几屏详情页最能令买家留步。

图 2-1-26

买家在详情页面的浏览屏数（PC端）	
浏览屏数	pv占比
2屏以上	48.02%
4屏以上	34.91%
8屏以上	20.31%
13屏以上	10.73%
19屏以上	5.23%
35屏以上	1%

图 2-1-27

三、图片的数量与大小

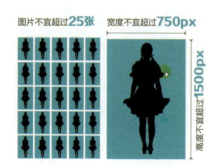

图 2-1-28

2-1-6　举一反三灵活运用更重要

介绍了这么多内容后，需要做减法了。在介绍了详情页 11 个模块或者更多的模块后，大家可能觉得制作详情页比较麻烦和复杂。实际上，这些要求往往不是一步达成的，应该先解决最重要的，图 2-1-29 和图 2-1-30 告诉大家什么最重要的，它们是不同行业详情页需求分析对比。

图 2-1-29

图 2-1-30

大家要运用以上所学知识，分析不同产品不同行业详情页应该怎么布局，买我们产品的消费者到底想要什么，想看什么？要有举一反三的能力，灵活运用，因为各个行业是不同的，要根据自己的产品来呈现消费者所需要的内容。

2-1-7　优秀详情页=掌柜+美工

每个开店的掌柜都了解产品的买家到底想要什么？想看什么？所以我们美工也要把客户的需求弄清楚。

美工要做的工作是，怎样把这些需求通过图片、文字漂亮地展示出来。

把这两点结合起来，就可以做出优秀的详情页。

2-2 按需求分析安排内容，积木布局模块 PS 法

2-2-1 宝贝详情页模块表

详情页的作用：1. 完成转化，达成购买；2. 分流，引起关联营销二次转化。

我们学习美工课的目的不但是要在理念、思维上知道怎么来做，更重要的是学会如何做。下面的课程将给大家介绍快速布局宝贝详情页的一系列方法。

图 2-2-1 对宝贝详情页上的模块进行了分类，并且对每个分类所起的作用进行了简单的阐述。这样就可以让我们在布局详情页之前能进行整体构思，根据产品的不同，选择不同的模块进行排列组合。

宝贝详情页模块表			
产品整体大图	引发兴趣	使用说明	告知详情
多角度与细节图片	更多更详尽展示	与其它产品比较PK	提升价格与价值
产品详情和尺寸规格	参数	产品包装展示	专业可信任
模特或用户使用图	直观展示激发法	产品获得荣誉	建立信任
价格促销点	价格	售后保障	邮寄发货退换货
客户体验	感性激发	品牌介绍	长远形象塑造
产品独特卖点	激发潜在需求	公司形象展示	树立可信形象
产品功能介绍	告知详情	联系方式	服务
		关联宝贝推荐	促销分流客户

图 2-2-1

2-2-2 如何使用模块表

了解了图 2-2-1 所示的详情页所需的 17 个模块后，往往在具体实施时会发现一些问题，因为模块太多无从下手，究竟该如何布局呢？下面介绍一些方法。

打开宝贝详情页模块表。新建一个 350×800 像素大小的画布，将窗口的排列模式更改为双联垂直，我们把它称为"积木表"，用它来罗列及选择模块，如图 2-2-2 所示。

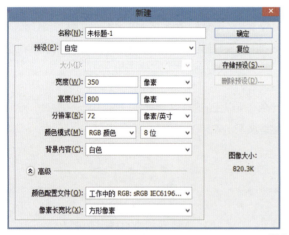

图 2-2-2

使用积木表时要做减法，不要把所有模块都堆积进去，在布局这些模块时要宁缺毋滥，不要求多，如图 2-2-3 所示。多了可能用不到，例如对于小卖家来说，就根本没有品牌介绍这一块，或者没有公司形象展示这一块，因此就不要把这些模块也堆进去。首先要思考一下自己的产品，把必要的模块先罗列上，再根据情况添加其他模块。

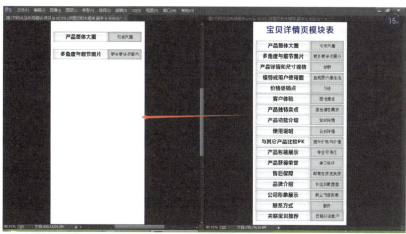

图 2-2-3

2-2-3 详情页模块布局

布局和选择模块时要进行头脑风暴，站在买家的角度思考整体布局模块之间的关系及顺序，把买家所关注的东西展示出来。考虑从上往下的逻辑关系，运用搭积木的手法，把宝贝详情页的布局通过拖拽移动的方式整理好。

有些美工在做详情页时不考虑卖点，不考虑营销，只追求美观，至于能不能展示卖点，能不能激发消费者的兴趣，能不能激发消费者的潜在需求，或者是不是应加入让消费者产生信任的模块，这些关键点都不考虑，所以最终完成的详情页东拼西凑，混乱不堪。

应该用正确的方法认真思考、整理布局宝贝详情页，哪怕做得不漂亮，但是买家想看的都已经考虑到了，该布局的模块、内容都有了，买家一旦进来，所有想了解的、想看的都已经呈现出来了，那么这款详情页就会提升转化率。

2-2-4 按需求分析布局策划内容

整理好详情页所需模块之后开始布局内容，新建一个 10 屏左右（根据显示器不同，1 屏的大小在 700~800 像素之间）850×8000 像素大小的画布，用矩形色块代表所有排列好的模块。

打开之前整理好的积木表，把每个模块拖入对应的矩形方框。这样就完成了详情页的统一布局，而且每个布局准备放什么内容也已经概述出来。

在完成布局后，应考虑怎样呈现每一个模块，并且做好标注，这样就完成了整个宝贝详情页的策划和布局。此后的工作就是根据整理好的这个布局策划文件，往里面添加内容了。

 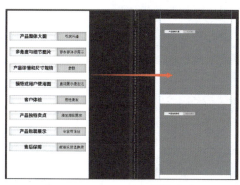

图 2-2-4

实训任务

根据上课所讲内容，画出详情页的各大模块，并通过案例分析不同类目的模块展示形式。

2-3　快速批量制作，PS 批处理系列宝贝

通过图 2-3-1 所示的两幅图形可以看出，使用了统一的模板后，针对于不同的产品，只要稍作更改就可以设计出不同的详情页。这些详情页的整体框架是一样的，所有模块按统一规格制作，只是更换了产品图片。运用模板能大大提高效率。每个店铺都有很多款宝贝，不可能对每一款宝贝都各自设计一款详情页，因为这样做，首先工作量太大，耽误时间，而且如果不用统一模板，就形不成系列，会给买家一种非常乱的感觉。

图 2-3-1

下面通过一个实际案例了解一下这种方法 。

2-3-1　使用模板制作宝贝详情页

图 2-3-2 是一款已经做好的详情页模板，全是色块，没有摆放内容，只有对应的局部图片展示布局。

图 2-3-2

此后只要把 PSD 模板设计好，然后把产品添加进去就行了，如图 2-3-3 所示。当我们添加多个宝贝时，这个模板的优势就更加明显了，使用它能快速制作多款宝贝详情页。

图 2-3-3

接下来介绍怎么高效运用这些模板。首先在 PS 中打开模板文件，然后打开图层面板，如图 2-3-4 所示，可以看到每一个模块都有编组并且很规范，这样方便于对每个模块进行单独管理及编辑，调整起顺序来也比较简单。

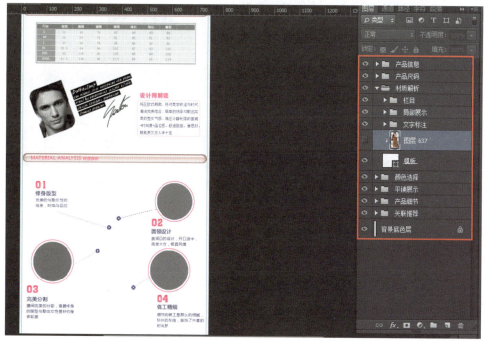

图 2-3-4

下面介绍如何快速更换产品图片。首先打开模板素材，在要放置图片的色块上按住 Alt 键单击鼠标右键，这样可以快速找到想编辑的图层，然后找到产品图片，置于色块图层之上，右击创建剪贴蒙版即可，如图 2-3-5 所示。

图 2-3-5

嵌套完图层后修改文字信息。

图 2-3-6

使用上述方法，可以很快完成模块的编辑。

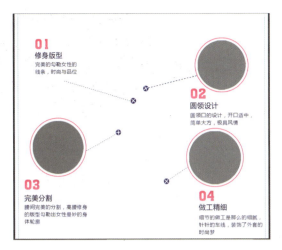 

图 2-3-7

制作出一款规范的宝贝详情页模板后，只需要把其他宝贝的照片套进去，就可以高效率地批量完成所有宝贝详情页了。

2-3-2 批处理大量宝贝图片的方法

美工每天面对大量待处理的图片，工作量很大。每一个宝贝照片都要裁成固定大小，剪成不同角度尺寸，下面用图 2-3-8 到图 2-3-13 介绍一种方法，让电脑高效地帮我们完成这些工作。

在 PS 中打开需要修整的图片　　　　　　　　　　在窗口菜单中打开动作面板

图 2-3-8

单击动作面板下方创建新组按钮，建立修图动作组　　　单击动作面板下方创建新动作按钮，输入名称

图 2-3-9

PS 开始记录我们的操作

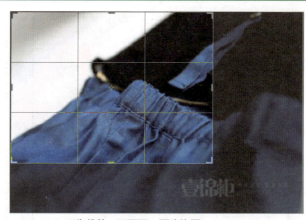

先裁剪一下画面，更改构图

图 2-3-10

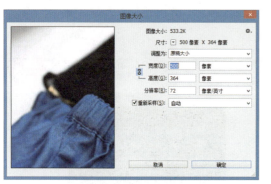

设置统一大小，宽度 500px

对画面进行描边，6px，蓝色

图 2-3-11

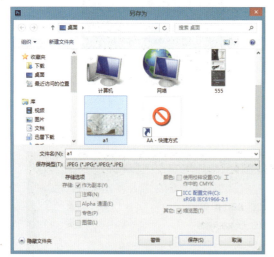

保存修改好的文件

所进行一系列操作已经被录制下来

单击关闭按钮停止录制

图 2-3-12

　　此后可以打开一副新照片，在动作面板选择刚才录制的修图工作 1 号动作，在面板下方单击播放选定动作，如图 2-3-13 所示，在瞬间即可按全部步骤，操作完照片，效率非常高。在修理图片时经常要做大量重复的工作，用动作面板把所有操作都记录下来，对其余的照片只需要单击播放动作就可以。

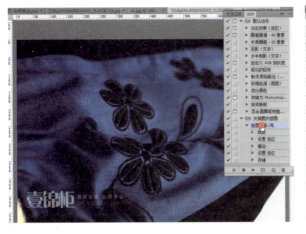 

图 2-3-13

这时候可以发现一个问题，裁切图片时位置不可控，第二幅处理好的图片被自动保存在桌面上，覆盖了之前处理的那副图片，这时需要打开动作前面的切换对话开关小方框，用于选择在执行动作（包括批处理程序调用动作）时是否弹出各种对话框或菜单，如图 2-3-14 所示。此小方框显示时，表示弹出对话框；隐藏时，表示忽略对话框，按先前设定的参数执行动作。比如动作中包含一个调整"图像大小"的操作，选中这个动作前的对话框切换开关，当执行到调整图像大小动作时，将弹出调整图像大小的对话框，动作暂停，这时可以重新输入一个新的图像大小数值，确认后，这步动作将按新的数据执行，然后自动继续下面的动作。这是一种在自动动作中进行人工干预的方法。在运行动作的时候，想在哪一步做更改，就可以打开哪个步骤前面的切换对话框。

 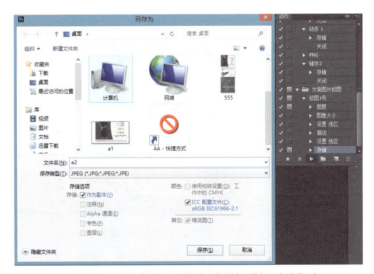

打开切换对话   打开了存储动作的切换对话开关后，在进行到这一步动作时，
可以重新输入文件名称，避免覆盖其他文件

图 2-3-14

上面介绍的只是一个小案例，还可以应用调色等其他操作，只要某个工作可能重复进行，就可以利用动作面板把它记录下来，从而大大提高工作效率。

实训任务

根据所学内容，用 Photoshop 制作几个模块常用的设计模板。

2-4　PS 切片自动做源码，又快又好地发布制作

2-4-1　优秀的宝贝详情页

1. 上淘宝网搜索宝贝并查看宝贝详情，找到如图 2-4-1 所示的主图及价格销量页面。通过销量可以看出，这肯定是一款做得非常到位的宝贝详情页。

图 2-4-1

2. 继续往下浏览，首屏大海报，关联促销，如图 2-4-2 所示。

图 2-4-2

3. 紧接着是当前宝贝卖点展示，首先用卖点打动你，如图 2-4-3 所示。

图 2-4-3

4. 下面依然是卖点的传递，带给消费者的好处。不仅展现产品的规格、功能，还告诉消费者，这款产品能给他带来什么好处，如图 2-4-4 所示。

图 2-4-4

5. 继续传递卖点，考虑到消费者对数字一般都比较敏感，因此图文并茂地展示每一个卖点，对每个卖点都有详细的描述，循序渐进地打动消费者，如图 2-4-5 和图 2-4-6 所示。

图 2-4-5

图 2-4-6

6. 再往下是一个更高的境界，塑造和打造品牌，不但让你吃，还吃出文化，把产品宣传提升到另一个境界，强调"三只松鼠"代表的不仅仅是坚果，还是一种文化，一种生活态度，如图 2-4-7 所示。

图 2-4-7

7. 接着是用户体验、第三方验证、互联网销售排名数据、数据营销、原产地图片、好友的分享、标准化生产展示，如图 2-4-8 和图 2-4-9 所示。

图 2-4-8

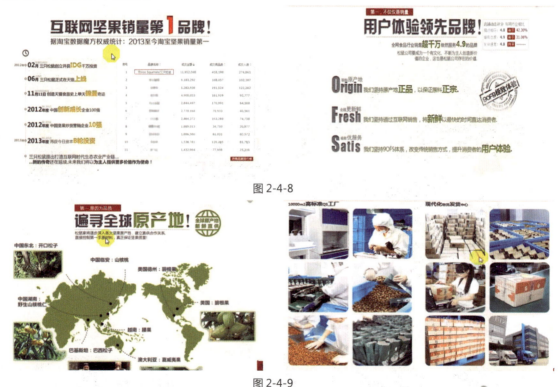

图 2-4-9

当我们依次从上往下浏览时可以发现，这是一款非常优秀的宝贝详情页。抛开类目的比较，它应该是详情页里面做得比较极致的。这款详情页做得并不很长，很快地展现了信息。

2-4-2　低劣的宝贝详情页

一、最差宝贝详情页

首先看宝贝主图，图片处理不到位，产品也不完整，如图 2-4-10 所示。

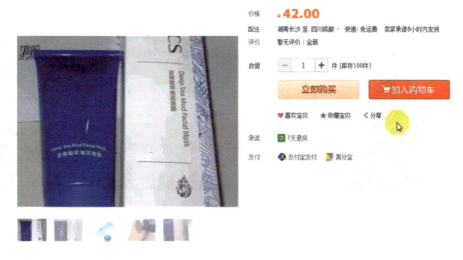

图 2-4-10

这种详情页就相当于到淘宝集市上"裸奔",什么包装都没做,消费者可能不看图 2-4-11 所示的文字,就把页面关闭了。

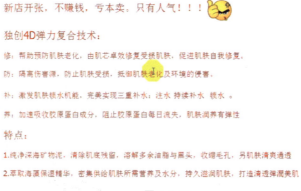

图 2-4-11

二、较差小卖家详情页

首先看到卖家很辛苦,也很用心,主图没有模特就拍摄自己,如图 2-4-12 所示。

欧洲站2014夏装新款 时尚军绿色珍珠挂件蓬松短袖棉麻女连衣裙

图 2-4-12

各个角度包括细节都有展示，但是拍摄技巧比较差，图片处理不到位，整个详情页比较粗糙，图片参差不齐、大小不一，如图 2-4-13 所示。

图 2-4-13

这种宝贝详情页做得既辛苦又没效果。

三、较差排版详情页

图 2-4-14 所示的详情页制作不到位，排版拙劣，模块不全，该有的模块没有放。即使是小卖家，个人代购，也应该给消费者良好的展示。一款海外产品本来应该是很规范的，但这款详情页里没有展示。可以想象一下，这种产品不太可能销售出去。

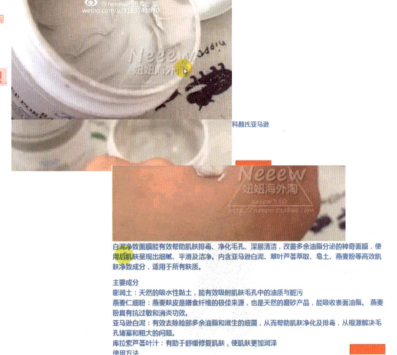

图 2-4-14

通过对比优秀和低劣的宝贝详情页，我们对于好的和不好的详情页有了更深的认识，可以看出，优秀的宝贝详情页模块布局合理，每个模块图文并茂做得很到位，这样的宝贝转化率就非常高。

2-4-3　了解发布宝贝规范流程，熟悉淘宝自带的编辑器

一、撰写文案，整理图片

把产品图片都整理收集好，产品有可能会很多，应收集到一个文件夹中，以方便管理。写好文案，把各模块的文案信息提前写好和整理好，如图 2-4-15 和图 2-4-16 所示。

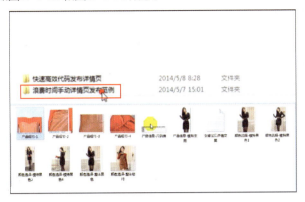

图 2-4-15

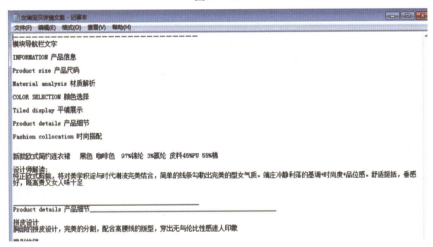

图 2-4-16

二、发布宝贝流程

1. 打开千牛，找到发布宝贝，点击进入发布宝贝后台页面，如图 2-4-17 所示。

图,2-4-17

2. 根据自身产品情况如实规范填写宝贝信息，如图 2-4-18 所示。

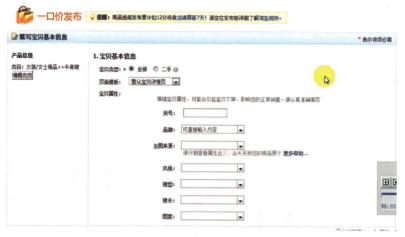

图 2-4-18

3. 首先把产品图片上传到淘宝图片空间，打开图片空间，新建一个图片分类文件夹，如图 2-4-19 所示。

图 2-4-19

4. 进入文件夹，点击"上传图片"→"高速上传"，找到存储路径，点击要上传的图片，如图 2-4-20 所示。

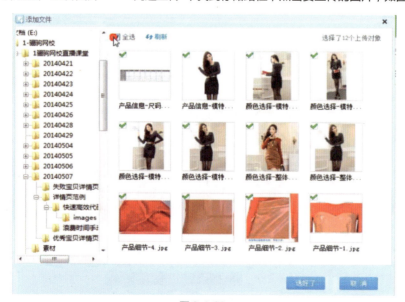

图 2-4-20

5. 继续往下浏览，找到宝贝描述淘宝自带编辑器，如图 2-4-21 所示。

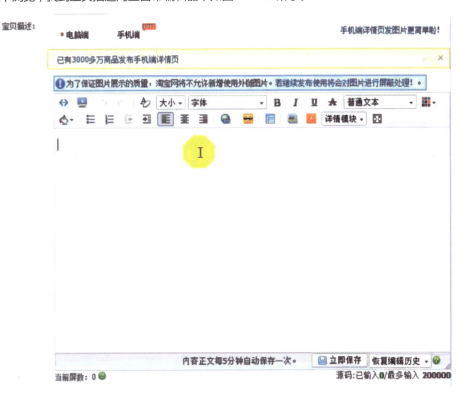

图 2-4-21

6. 这个编辑器的使用方法很简单，跟 Word 差不多。把之前整理的文案拷贝进来，更改字号、颜色及对齐方式，如图 2-4-22 所示。

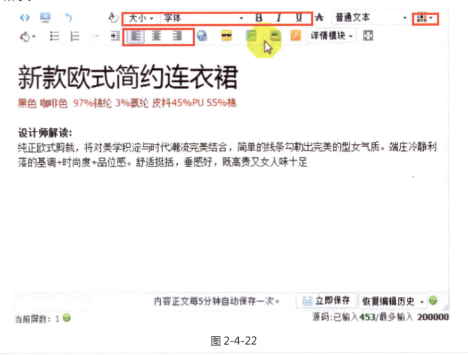

图 2-4-22

7. 文字编辑好之后，点击"插入图片"，下方会出现图片空间页面，选择好要使用的图片，点击"插入"，产品图片就放置进来了，如图 2-4-23 所示。

图 2-4-23

8. 要尽量把宝贝描述做得好看一些，现在插入的图片和文字参差不齐，可以按 Ctrl+A 键选择宝贝描述的所有内容，然后选择居中对齐方式，如图 2-4-24 所示。

图 2-4-24

9. 对淘宝编辑器的基本功能应该努力了解，当所有内容和产品信息都填好和检查好之后，可以点击"发布"，发布产品。这款宝贝就发布成功了，如图 2-4-25 所示。

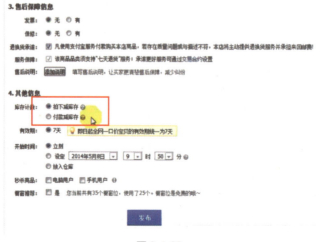

图 2-4-25

2-4-4　排版好详情页，学习 PS 切片，快速制作 HTML 源码

淘宝编辑器功能有限，利用编辑器做出来的详情页有局限性，不够美观。下面我们学习另外一种快捷高效的方法。首先要在 PS 中设计好详情页，再使用代码快速发布详情页。

1. 首先在 PS 中打开之前做好的详情页，可以看到这款详情页比较长，如果整体发布这个文件，加载速度会很慢，影响用户体验。可以利用 PS 切片把图片切开，这样可以提高加载速度。在 PS 工具栏找到切片工具，选择切刀工具，在详情页上拖动鼠标左键上进行框选，生成切片。切的时候要注意不要切到文字和图片上面，如图 2-4-26 所示。

图 2-4-26

2. 还有一种制作切片的方法，使用参考线自动切片。按 Ctrl+R 键打开标尺，先用参考线对图片进行划分，再选择切片工具，这时候属性栏出现"基于参考线的切片"，点击它，将自动按照参考线切割图片，如图 2-4-27 所示。

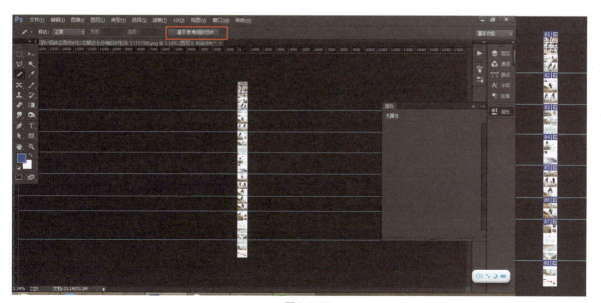

图 2-4-27

3. 完成详情页切片后，选择存储为 Web 所用格式，可以在弹出的窗口界面对图片进行优化，选择 JPEG 格式，品质为 60-80 左右，使文件变得更小。还可以在左侧工具栏用切片选择工具对某个切片单独进行优化，如图 2-4-28 所示。

图 2-4-28

4. 整个详情页优化完成后，选择存储命令，在弹出的窗口界面选择好储存路径，格式应选择 "HTLM 和图像"，如图 2-4-29 所示。

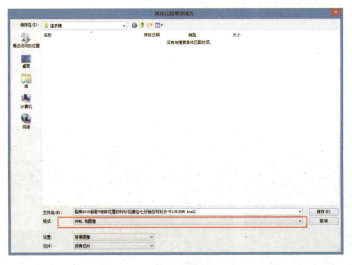

图 2-4-29

5. 进入刚才选择的储存路径，可以发现两个项目，一个是网页格式的详情页，另一个是文件夹，里面包含根据刚才画的切片裁切好的图片，裁切的图片高度要控制在 1500px 以内，大小为 300kb 以内，如图 2-4-30 和图 2-4-31 所示。

图 2-4-30

图 2-4-31

6. 利用源代码发布宝贝：打开千牛平台，填写好产品信息，浏览到宝贝描述页面，点击宝贝描述页面编辑器左上角，切换到源码模式，如图 2-4-32 所示。

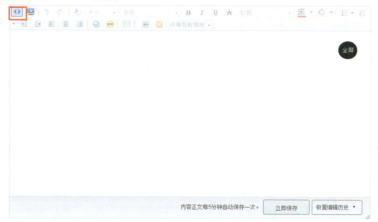

图 2-4-32

7. 这时需要找到详情页的代码。回到详情页存储路径，选择 HTML 格式文件，右击它，用记事本打开该文件。这时会看到详情页的源代码。如图 2-4-33 所示。

图 2-4-33

8. 按 Ctrl+A 键，全选并复制这些源代码，粘贴到源码模式的宝贝描述编辑器里。切换源码模式，可以发现不显示任何图片，如图 2-4-34 所示。这是因为代码里面的图片地址在我们本地，这也是经常会犯的一个错误，下面介绍解决办法。

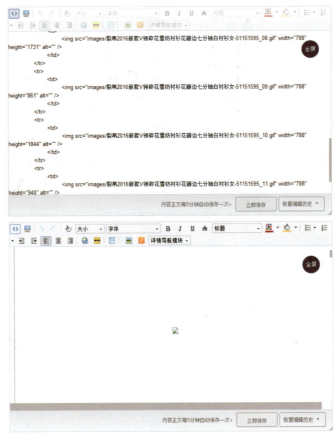

图 2-4-34

2-4-5 使用 Dreamweaver 编辑完成详情页代码

1. 把图片上传到淘宝图片空间，把代码里的地址替换成淘宝空间里的地址。用 Dreamweaver(以下简称 DW)软件打开 HTML 格式的详情页，选择设计模式，如图 2-4-35 所示。

图 2-4-35-

2. 点击图片，此时属性栏显示图片属性，可以看到属性栏里有个源文件，把源文件地址删掉，进入到图片空间，把对应图片的淘宝空间的图片地址复制下来，粘贴到源文件后面，依次将图片地址替换成淘宝空间图片地址。如图 2-4-36 和图 2-4-37 所示。

图 2-4-36

图 2-4-37

3. 依次将图片地址替换成淘宝空间图片地址后切换回代码模式。全选这些代码并复制，粘贴到源码模式的淘宝宝贝描述编辑器中，如图 2-4-38 和图 2-4-39 所示。

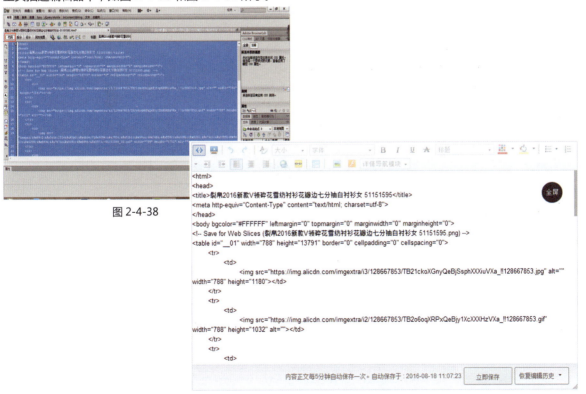

图 2-4-38

图 2-4-39

4. 粘贴完成后，再次点击源码进行预览。剩下的工作只需要点击"发布"，这款宝贝详情就发布成功了，如图 2-4-40 和图 2-4-41 所示。

图 2-4-40

图 2-4-41

实训任务

根据学到的产品上传的方法，对详情页切片并上传。

2-5   优化源码加载更快，表格布局手工切片

2-5-1   细分化的图片切割

优秀的宝贝详情页进行了图片的细分优化，图片更细分切割后，宝贝详情页加载更快，消费者等待的时间更短，通过框选详情页可以看出此详情页的分割方式，如图 2-5-1 所示。

图 2-5-1

下面来学习细分小图的手法。

1. 利用表格控制布局。首先在 PS 中打开做好的详情页模板，按 Ctrl+R 键打开标尺，从标尺上拖拽参考线进行布局，如图 2-5-2 所示。

2. 利用矩形选框工具框选海报，使用合并拷贝命令把图像拷贝出来，如图 2-5-3 所示。

图 2-5-2

图 2-5-3

3. 拷贝完成后，按 Ctrl+N 键，新建画布，单击"确定"，按 Ctrl+V 键，粘贴，如图 2-5-4 所示。

图 2-5-4

4. 存储为 Web 所用格式，对照片进行优化，格式为 JPEG，品质为 60，保存到"大牌来了"文件夹中，格式为仅限图像，如图 2-5-5 所示。

图 2-5-5

5. 用上面的方法，依次对其余图片进行优化，储存到"大牌来了"文件夹中，格式为 JPEG，品质为 60。将这些图片上传至淘宝图片空间，如图 2-5-6 所示。

图 2-5-6

6. 打开 DW 软件，新建一个 HTML 文档，切换到设计视图，如图 2-5-7 所示。

图 2-5-7

7. 通过表格的方式布局详情页。执行"插入"→"表格"菜单命令，设置参数，如图 2-5-8 所示。

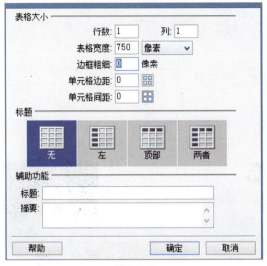

图 2-5-8

8. 在插入的表格内单击，执行"插入"→"图像"菜单命令，去淘宝空间复制图片地址，在选择图像源文件窗口的 URl 后面输入图片网址，单击"确定"按钮，插入图像，如图 2-5-9 所示。

图 2-5-9

9. 继续布局下面的图片，用上面的方法插入 1 行 4 列的表格，依次插入四张图片，如图 2-5-10 所示。

图 2-5-10

10. 完成以上操作后，希望上面提到的图形和下面的图片之间留点缝隙，为此可以插入一个空白表格，在属性栏可以调整表格高度，控制留白高度。继续插入表格，把最后一张图片放进来，如图 2-5-11 和图 2-5-12 所示。

图 2-5-11

图 2-5-12

12. 现在整个排版布局就完成了，切换到代码视图，可以看到整个页面排版的代码，如图 2-5-13 所示。

图 2-5-13

13. 复制这些代码，粘贴到淘宝宝贝描述编辑器源码模式下，然后发布，完成后效果如图 2-5-14 所示。

图 2-5-14

上面只是一个详情页的局部，大家要学会举一反三，运用到其他产品或其他排版布局的详情页中。

2-5-2 一像素的超级精致表格制作方法

宝贝标题字数有限，如果卖家输入的关键词较长、较多，就不容易搜索到。搜索引擎靠文字搜索，如果文字以图片的形式呈现，使用搜索引擎将检索不到。布局可编辑的文案模块，能让宝贝有更多机会亮相在买家搜索的结果页面中，从而带来隐形流量。在做同系列宝贝详情页时也能更方便地更改产品信息。设计超级表格能体现一种特别精致的感觉，文字、头像的编排留白，颜色灰白的搭配，一个小小的模块让你感觉很用心，细节决定成败。

消费者买一件衣服时经常会有一种习惯，特别注意看衣服的细节，如图 2-5-15 所示。很多衣服看上去都差不多，只有细节才能体现品质，形成差距。宝贝详情页也是同样，一款优质的黄金宝贝详情页中每个细节都要做到位。

Neytiri 作品

人种不同，外套也不会相同，但是领子却都是棒球服领，你知道么？不管是什么人种，不管是明星还是平民，棒球服领的各类外套，亦是人手一件了。

图 2-5-15

1. 做一像素的精致表格要用到 DW 软件，打开 DW 软件，新建一个空白文档，插入一行一列的表格，如图 2-5-16 所示。

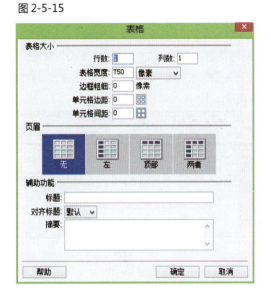

图 2-5-16

2. 在设计视图下框选插入的表格，在属性栏调整表格边框为 1，颜色为灰色（#999999），1 像素精致表格就制作完成了。如图 2-5-17 所示。

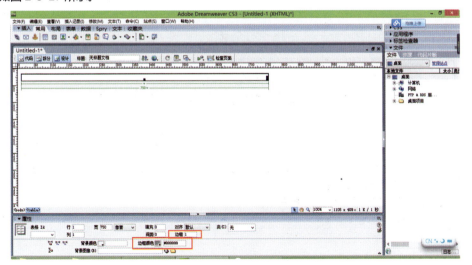

图 2-5-17

3. 对边框里面的内容进行布局，左侧图片，右侧文字，中间还有间距，利用前面学习的隐形表格来布局，方便控制，在表格内再插入一个表格（一行两列），参数如图 2-5-18 所示。

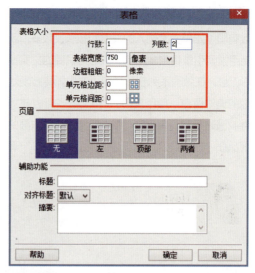

图 2-5-18

4. 在制作之前需要把设计师的图片上传至淘宝图片空间。在右边的表格插入设计师的图片，执行"插入"→"图像"菜单命令，去淘宝空间复制图片地址，在选择图像源文件窗口的 URL 后面输入图片网址，单击"确定"，插入图像。如图 2-5-19 所示。

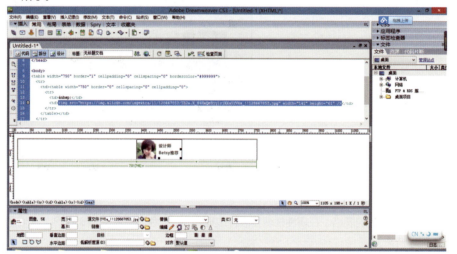

图 2-5-19

5. 选择左侧表格，输入设计师推荐文案，如图 2-5-20 所示。

图 2-5-20

6. 可以发现，DW 软件自动排版效果不好，需要更改一下。点击插入的图片，属性栏会自动显示图片属性，查看图片宽度，得知为 141，点击图片所在表格，在属性栏把表格宽度设置为 141，如图 2-5-21 所示。

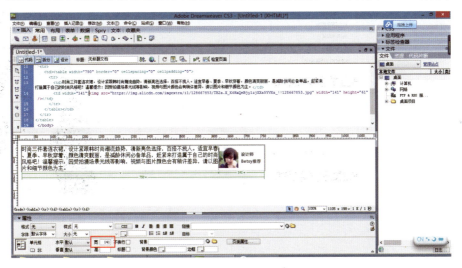

图 2-5-21

7. 编排和更改文字的需要在淘宝编辑器里完成，用 DW 编辑好的文字，淘宝编辑器会过滤掉。把编辑好的代码复制到淘宝编辑器源码模式下，切换到编辑模式，如图 2-5-22 所示。

图 2-5-22

8. 在淘宝编辑器里对文字进行编排和更改，设置字体、字号、颜色等，如图 2-5-23 所示。

图 2-5-23

9. 完成编辑，点击"确定"按钮，发布详情页，效果如图 2-5-24 所示。

图 2-5-24

实训任务

用 HTML 代码完成产品上传。

2-6　优化源码高级切片，关联营销细节揭秘

前面学习的用添加手工表格的方式分割优化详情页，效率可能比较低，这节课介绍自动切片，让大家不但会优化详情页还会用更好的办法去优化，用更高效的技法，自动切片快速布局详情页。

1. 在 PS 中打开做好的详情页模板。按 Ctrl+R 快捷键，打开标尺，从标尺上拖拽参考线进行布局，只布局横向的参考线。如图 2-6-1 所示。

图 2-6-1

2. 在工具栏选择切片工具，属性栏自动显示切片工具属性。在属性栏找到基于参考线的切片并点击，生成四个切片。如图 2-6-2 所示。

图 2-6-2

3. 添加海报下面四个小模块的竖向的切片。执行"视图"→"对齐到"→"切片"菜单命令，作用是在框选切片范围时，可以自动对齐到已有切片，如图 2-6-3 所示。

图 2-6-3

4. 打开对齐后，放大画面，开始切片小模块。用切片工具对齐框选想要生成切片的小模块，逐个进行，如图 2-6-4 所示。

图 2-6-4

5. 完成所有切片后，执行"文件"→"存储为 Web 所用格式"菜单命令，然后对图片进行优化，格式为 JPEG，品质为 60，如图 2-6-5 所示。

图 2-6-5

6. 优化完成，点击"存储"，存储到我们方便管理的指定路径，格式为 HTML 和图像。如图 2-6-6 所示。

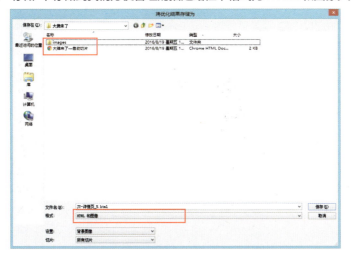

图 2-6-6

7. 右击存储好的 HTML 格式文件，使用浏览器打开，可以用鼠标框选测试完成效果，详情页已经按照 PS 里面的布局裁切好了，如图 2-6-7 所示。

图 2-6-7

8. 打开存储的路径，可以看到同时生成了一个文件夹，文件夹中包含了所有裁切完成的图片，把这些图片上传至淘宝图片空间，养成良好的习惯，新建文件夹，如图 2-6-8 所示。

图 2-6-8

9. 图片上传至淘宝图片空间后，用 DW 软件打开之前的 HTML 格式文件，切换到设计视图，如图 2-6-9 所示。

图 2-6-9

10. 点击大牌来了海报，下方属性栏自动切换为海报属性，删除属性栏里源文件后面的地址，去淘宝空间复制图片地址，粘贴在此处，后面的图片也逐个替换为淘宝图片空间地址， 如图 2-6-10 所示。

图 2-6-10

11. 源文件地址替换完成后，为了防止遗漏，可以把视图切换到拆分视图，依次点击每张图片，图片对应的代码也会被选中，检查代码是否替换为以 http 开头的网络图片，如图 2-6-11 所示。

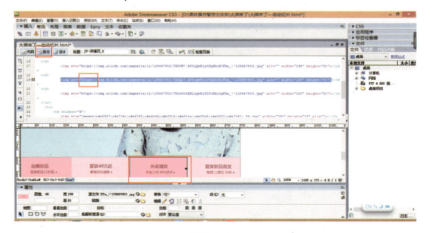

图 2-6-11

12. 海报之间的间隙为空白，可以在设计视图下直接删除，方便控制间距大小，在属性栏更改高度，输入合适的数值，如图 2-6-12 所示。

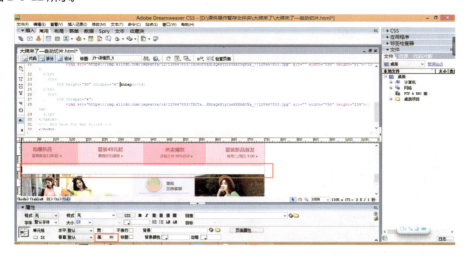

图 2-6-12

13. 全部设置完毕，拷贝布局好的代码，粘贴到淘宝编辑器源码模式下，点击"发布"，发布宝贝详情，发布完成查看宝贝详情，如图 2-6-13 所示。

图 2-6-13

这种方法与之前手动切片的区别在于可以更高效，更快速方便地完成切片，实际也是应用隐形表格，只不过是用 PS 软件帮助自动完成。手动切片建立表格也有优点，虽然手工切片比较费时间，但是切出来的对象，每个表格单元是独立的，浏览器在读取页面的时候，都是依次往下单独加载，把它们分隔开，会更优化，加载速度相对比较快，而且布局顺序也可以随意更改。这两种手法都要掌握，这样在面对很多不同详情页的时候可以有针对性地进行判断，使用不同的方法来处理。

> ### 实训任务

根据学习内容分析关联营销优势及制作店铺关联营销。

2-7　关联营销全程实战，PS 排版 DW 添加链接

2-7-1　分析优秀宝贝详情页

宝贝详情页一定少不了关联推荐，任何卖家都知道好不容易把流量引进来，一定希望消费者在看这款宝贝时，即使不购买，也能到店里别的类目去浏览，看看其他优秀的产品，这就是关联推荐。详情页的作用，第一是完成转化达成购买，但是转化率不可能是 100%，这就要用到详情页的第二个作用，分流引起关联营销二次转化。关联推荐类目、关联推荐宝贝、关联推荐聚划算等。下面看几个优秀案例，如图 2-7-1 所示。

图 2-7-1

2-7-2　关联模块的作用和添加注意事项

我们上面看到的案例中，关联推荐都摆在详情页上面部分，很多宝贝详情页的关联推荐也摆在下面部分，应该摆在什么位置合适呢？首尾都可以，但是不要摆到中间，因为这样会打断消费者的浏览，引起消费者反感。

如果宝贝本身很优秀，转化率也很高，那么就可以少放一些关联推荐，反之，则多放一些。

2-7-3　PS 制作关联推荐模块的技法，切片做源代码

上面分析了很多的数据，下面就开始学习怎么制作关联推荐。

1. 打开 PS，新建一个宽 750px，高 600px 大小的画布。

2. 关联推荐中包含很多个产品单元，看起来比较复杂，其实可以先做好其中一个单元，再进行复制。先将画布四等分，用矩形工具选择形状模式在画布上画一个高度 260 的矩形，按住 Alt 键，拖拽复制一个矩形，贴紧第一个矩

形右边缘，重复操作得到四个同样大小的矩形，同时选择四个矩形图层，自由变换，撑满画布，在矩形边缘布局辅助线，如图 2-7-2 所示。

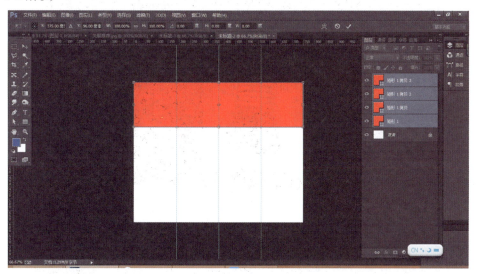

图 2-7-2

3. 每个单元外面应该有个矩形边框，因此要对矩形描边。在图层面板选中四个矩形图层，选择矩形工具，在属性栏进行设置，去掉填充，描边 1 点，内部对齐，颜色黑色，然后依次让相邻的每个矩形边线重叠，最后进行调整，撑满画布，如图 2-7-3 所示。

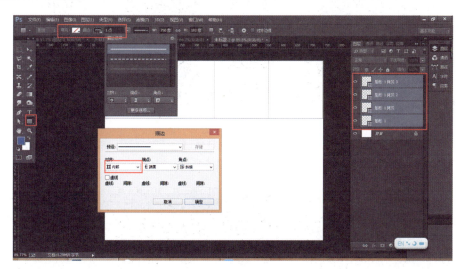

图 2-7-3

4. 把模特图片放置在框内，如果撑满整个框，不太美观，可以根据矩形的大小减掉留白，新建一个宽 180px，高 260px 的画布，将模特图片置入画布，调整好大小，如图 2-7-4 所示。

图 2-7-4

5. 在画布底端绘制一个高度 30px，宽度 180px 的白色矩形，作为价格文案的底板。在白色矩形上选择合适字体输入价格，画布右侧绘制一个红色矩形，输入抢购文字，如图 2-7-5 所示，然后保存文件。

图 2-7-5

6. 做好一个单元后，其余的工作就是复制和替换。按 Ctrl+G 键，选择所有图层进行编组，在图层组上右击，选择复制图层组，然后替换副本内的模特照片及价格，如图 2-7-6 所示。

图 2-7-6

7. 四个单元全部做好后，从组一的开始，对其他图层隐藏，按 Ctrl+Shift+Alt+E 键，对每个图层进行盖印，拷贝粘贴到对应的框内，如图 2-7-7 所示。

图 2-7-7

8. 选中做好的四个单元，按 Alt+Shift 键，拖拽复制到下面（学习方法，不再重复制作），调整好位置，将多余的画布裁切掉，关联促销模块就制作完成了，如图 2-7-8 所示。

图 2-7-8

9. PS 设计完成，下面的工作就是要将做好的模块发布到淘宝详情页。利用此前所学的知识，按 Ctrl+R 键，调出标尺，拖拽布局参考线，再利用切片工具，基于参考线切片，完成图片分割， 如图 2-7-9 所示。

图 2-7-9

10. 所有切片完成，执行"文件"→"存储为 Web 所用格式"菜单命令，然后对图片进行优化，格式为为 JPEG，品质为 60， 如图 2-7-10 所示。

图 2-7-10

11. 优化结束，存储到方便管理的指定路径，格式为 HTML 和图像，如图 2-7-11 所示。

图 2-7-11

12. 右击存储好的 HTML 格式文件，使用浏览器打开，可以用鼠标框选，测试完成效果，详情页已经按照 PS 里面的布局裁切好了，如图 2-7-12 所示。

图 2-7-12

13. 打开我们的存储的路径，可以看到同时生成了一个文件夹，里面包含了我们所有裁切完成的图片，我们把这些图片上传至淘宝图片空间，养成良好的习惯，新建文件夹，如图 2-7-13 所示。

图 2-7-13

14. 图片上传至淘宝图片空间后，用 DW 软件打开之前储存的 HTML 格式文件，切换到设计视图，如图 2-7-14 所示。

图 2-7-14

15. 点击第一个单元，下方属性栏自动切换为图片属性，删除属性栏里源文件后面的地址，去淘宝空间复制图片地址粘贴在此处，对后面的图片也逐个替换为淘宝图片空间地址，如图 2-7-15 所示。

图 2-7-15

16. 源文件地址替换完后，为了防止遗漏，把视图切换到拆分视图，依次点击每张图片，图片对应的代码也会被选中，检查代码是否替换为以 http 开头的网络图片，如图 2-7-16 所示。

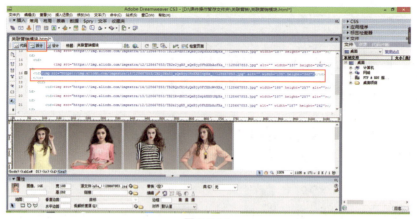

图 2-7-16

17. 全部设置完毕后，要为每个产品添加链接，以便在网页上点击图片时，可以跳转到相应宝贝的页面。依次点击每张图片，复制宝贝页面导航栏网址，粘贴到图片属性栏链接后面，为了防止跳转的宝贝页面将当前页面替换掉，需要将属性栏目标设置为_blank，如图 2-7-17 所示。

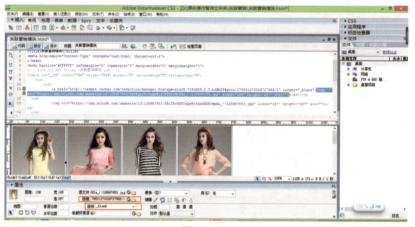

图 2-7-17

18. 全部设置完毕，拷贝布局好的代码，粘贴到淘宝编辑器源码模式下，点击"发布"，发布宝贝详情，完成后查看宝贝详情，如图 2-7-18 所示。

图 2-7-18

19. 还可以用另外一种方法，如果想只有点击图片的局部才可以跳转，可以利用 DW 软件对图片局部添加热点。同样打开刚才替换好网络地址的文件，点击图片，在属性栏找到热点工具进行局部框选，框选完成，属性栏自动显示为热点属性，把链接设置为相应宝贝的网址，目标_blank，局部热点链接就添加完成了，如图 2-7-19 所示。

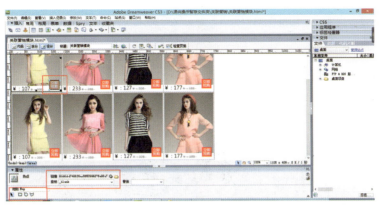

图 2-7-19

20. 发布方法同上。发布完后，可以进行网页测试，对比图片链接和局部热点链接的区别。对添加了图片链接的单元，不管鼠标移动到图片任何部位，点击后都可以跳转；对添加了局部热点链接的单元，只有把鼠标移动到框选的热点区域点击，才能跳转，如图 2-7-20 所示。

图 2-7-20

21. 同系列的宝贝有很多，如果每个都去编辑相同的关联营销模块，效率很低，可以使用淘宝编辑器里的模块功能。打开宝贝描述编辑页面，点击编辑器上方"详情导航"，如图 2-7-21 所示。

图 2-7-21

22. 弹出填写模块信息页面后，切换到源码模式，粘贴做好的关联营销代码，填写好标题"关联营销 1"，如图 2-7-22 所示。

图 2-7-22

23. 点击"新增并立即使用"，关联营销 1 模块就储存并应用到详情页内了。在后续的使用中，只要在淘宝编辑器详情模块处找到并点击，即可应用到详情页内，这样做提高效率而且非常方便。当然也可以添加多个重复使用到的固定模块，如图 2-7-23 所示。

图 2-7-23

实训任务

将制作完成的关联营销模块，用 Dreamweaver 代码上传，实现链接效果。

2-8　卖点细节手法，图层嵌套 PS 高级法

2-8-1　分析优秀的宝贝详情页

通过淘宝官方数据可以看出，卖点细节展示是详情页里必不可少的模块，对买家决定是否购买产品有很大的影响。它可以把整个宝贝的卖点通过"整体大图+局部细节图片+卖点文字"的方式淋漓尽致地展示出来，引导消费者购买，如图 2-8-1 所示。

*注1：以下各图右上角的数字代表该部分信息对买家决定购买有多大的影响（5分影响很大，4分影响较大，3分一般，以此类推）。

图 2-8-1

图 2-8-2 和图 2-8-3 所示的案例对细节的展示就做得很好。

图 2-8-2

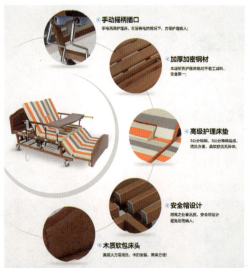

图 2-8-3

2-8-2　关联模块的作用和添加注意事项

我们欣赏了多种不同的细节展示，
也分析了它的重要性，下面就根据如图
2-8-4 所示的参照案例，制作一个卖点
细节展示模块。

图 2-8-4

1. 一定要养成良好的习惯：做所有设计之前在本地建一个文件夹，把需要的素材整理好，不只是图片还有文案，要一并准备好，如图 2-8-5 所示，这样工作起来效率会非常高。

图 2-8-5

2. 整理好素材后，打开 PS 软件，在素材包里把选择好的模特拖入 PS 中，查看并调整图像大小，宽度为 750px，如图 2-8-6 所示。

图 2-8-6

3. 为这个模块做一个标题栏，执行"图像"→"画布大小"菜单命令，将画布向上拓展 50 像素，如图 2-8-7 所示。

图 2-8-7

4. 为标题栏填充一个与背景同色系的较深的颜色，选择合适的字体，输入文案，排版布局，制作完标题栏，如图 2-8-8 所示。

图 2-8-8

5. 制作局部细节的三个模块，在工具栏选择椭圆工具，属性设置为形状，绘制三个圆，并调整到合适大小后，在画面上布局，如图 2-8-9 所示。

图 2-8-9

6. 在素材包里找到需要展示的细节图片，拖拽到画布上，打开图层面板，把拖入的图片置于椭圆形状图层之上，在图片上右击，创建剪贴蒙版，调整好图片大小与位置，如图 2-8-10 所示。

图 2-8-10

7. 图片处理好后，选择合适的字体输入文案，并调整好文案模块大小、与图片的比例及排版方式，为了协调统一，制作好一个后进行复制，复制完，对文案进行更改，如图 2-8-11 所示。

图 2-8-11

8. 排好之后发现细节图片不够突出,为其添加一个白色描边。在图层面板选择之前用椭圆工具绘制的形状图层,选择图层面板下方的图层样式,找到描边样式,设置好参数,拷贝图层样式,粘贴到其余两个图层,如图 2-8-12 所示。

图 2-8-12

9. 现在画面已经非常接近想要的对象了,下面进行引导线的绘制。在工具栏选择钢笔工具,样式选形状,使用虚线描边,描边颜色设置为白色,根据需要绘制虚线,然后在虚线末端细节图对应的位置,用椭圆工具绘制圆形,右上角输入文案,如图 2-8-13 所示。

图 2-8-13

10. 到这里我们的宝贝细节模块就完成了,随着一步步的制作,图层越来越多,接下来的工作是对图层进行快速分组。回到选择工具,在属性栏调整,自动选择—图层,在画面上用鼠标框选需要构成一组的对象,按 Ctrl+G 键快速成组,如图 2-8-14 所示。

图 2-8-14

实训任务 ▶

根据产品,进行多种形式的细节展示设计。

2-9   指数参数技法，构图模式滑杆制作

2-9-1   参数模块类型分析，优秀模块赏析

下面介绍的是宝贝详情页里另外一个重要的模块——商品参数模块设计，下面通过图 2-9-1、图 2-9-2、图 2-9-3 所示的案例来了解什么是商品的参数模块。

图 2-9-1

图 2-9-2

图 2-9-3

通过图 2-9-1、图 2-9-2、图 2-9-3，可以了解到产品的一些具体参数和款号、颜色、面料成分、分项指数、洗涤说明等信息，这种模块非常重要，它不仅仅局限于服装行业，基本上每个行业的宝贝详情页都有这样一个模块，用来详细列举宝贝的具体信息，这里只是以几款服装为例，说明什么是参数模块。通过这种图文并茂的形式，让买家一目了然地了解到宝贝的信息，如果只是一大段文字说明，没有图表，就会显得很呆板，消费者也不愿意看。这就是为什么要讲参数模块的原因。

2-9-2　构图模式、组成要素分析，找到内在规律，看透它

下面通过图 2-9-4 至图 2-9-7 所示的案例，看看别人是怎么制作这种模块的，这些模块都是通过什么形式来设计的，然后我们才能在这些方法的指引下，继续创新。

图 2-9-4

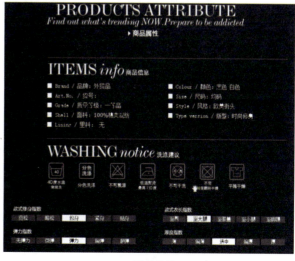

图 2-9-5

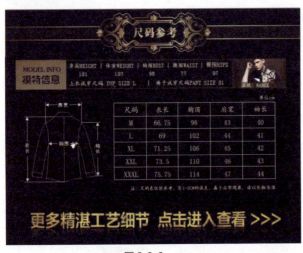

图 2-9-6

图 2-9-7

观察以上这些参数列表，可以发现规律，一般情况下，这类参数模块都用图文并茂的形式展现，有的是上下结构，有的是左右结构。左右结构的，左面是产品图片，右面是图文结合的小图表，尤其是各项指数里加入了一些小的图形，显得生动、直观，突出了宝贝的信息，让消费者一目了然。

2-9-3 实战演练——PS 设计模块排版制作技法全揭秘

了解了什么是参数模块，并且知道了用什么样的形式展现后，现在我们就动手来操作，设计一款专业的商品参数模块。学习的目的就是运用，如果只是听，只是看，而不动手操作，是没有任何意义的。

先来看要完成的图，如图 2-9-8 所示。

之前在讲宝贝详情页整体的时候曾讲过如何运用整体法则来设计模板，今天还是通过这种形式来设计这款信息模块。

图 2-9-8

1. 新建画布，尺寸为 750*800 像素，如果是天猫店的话，可以把宽度设置为 790 像素，分辨率设置为 72。新建画布后，给画布添加辅助线，如图 2-9-9 所示，在设计这个模块时，不要满画布布局内容 这样的话显得画面不透气 很闷，适当留出边距可以让画面显得比较精致。这里在左、右、上三边各留出 20 像素的边距，接下来在中间添加一条辅助线，这条辅助线不一定放在正中间 左右宽度可以根据需要自由控制 然后在上端添加一个导航模块的辅助线 底部添加一条 100 像素的辅助线，这样辅助线就添加完成了。

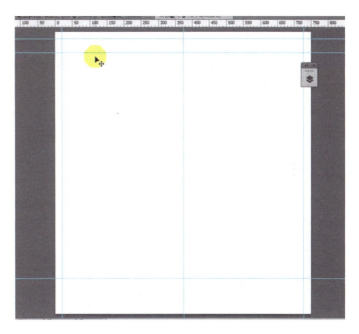

图 2-9-9

2. 在画布上面制作导航条，通过多边形工具里的圆角矩形工具，添加一个圆角矩形，并填充颜色，如图 2-9-10 所示。

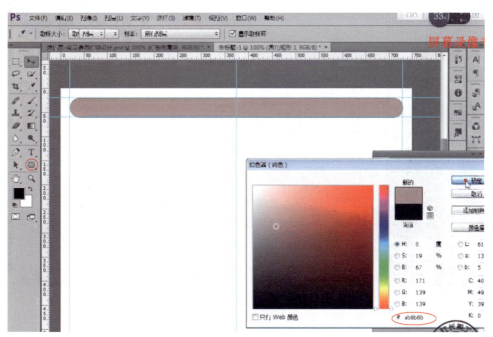

图 2-9-10

3. 不要急于一次性把局部设计好，前面说了要从整体出发，接下来布局模特区域，如图 2-9-8 所示，左侧模特区域设置了一个带有圆弧形状的一个不规则图形，使画面显得非常生动，先把这个形状做出来，然后再调入模特图片。首先用矩形工具画一个矩形框，如图 2-9-11 所示。

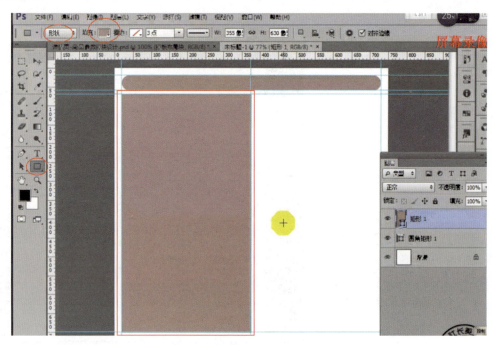

图 2-9-11

4. 使用钢笔工具里的添加锚点工具，点击矩形框右边边缘，添加锚点，如图 2-9-12 所示。

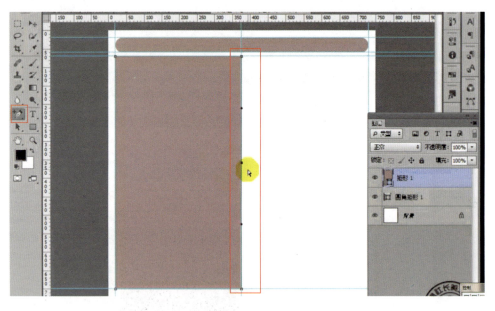

图 2-9-12

5. 使用路径选择工具，调整锚点，修改路径，如图 2-9-13 所示，这样就完成了这个异形模块。

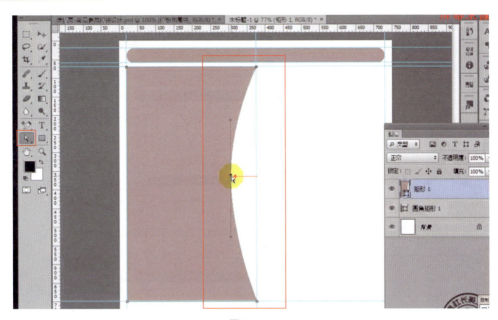

图 2-9-13

6. 再制作右侧参数信息模块，如图 2-9-14 所示，右侧的参数信息模块分成三部分，从大局开始，先制作三个栏目条。

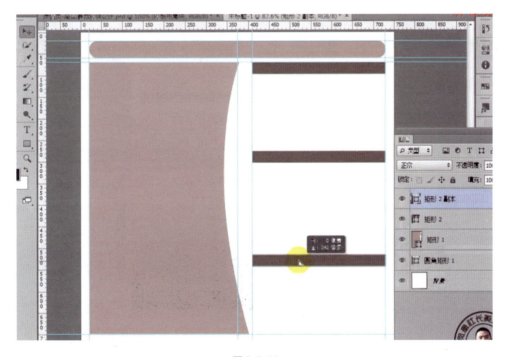

图 2-9-14

7. 现在整个模块的大框架布局好了，下面开始设计细节。从最上面的导航菜单开始，这个导航菜单设计了一种非常漂亮的水晶一样的透明按钮，其实这个按钮制作起来非常简单。如图 2-9-15 所示，打开"窗口"菜单，找到"样式"命令，点开后会看到很多样式，现在在这里找不到和范例中一样颜色的水晶样式，没有关系，先点击使用红色。

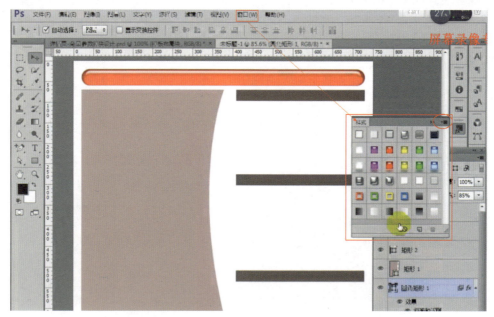

图 2-9-15

8. 使用图层样式里的颜色叠加，调整颜色，如图 2-9-16 所示，非常简单就可以做好这个水晶条，图层样式里的其他几个参数都可以进行调整，只要达到想要的效果就可以了，读者可以试着自己调整一下，本例中只是以颜色为例进行了调整。

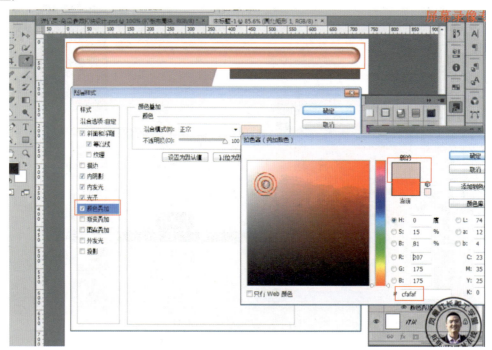

图 2-9-16

9. 输入文字，给文字填充一个同色系的、协调的颜色，如图 2-9-17 所示，这个水晶按钮就制作完成了，很简单吧。

图 2-9-17

10. 接下来制作模特区域。把模特导入到画布中，然后将模特图层放在异形图层的上一图层位置，再给模特图层增加一个剪贴蒙版，就完成了模特的嵌套，如图 2-9-18 所示。

图 2-9-18

11. 接下来制作右侧参数表。参数表分成三个部分，这三部分标题栏的设计是一样的，所以，这里只需要设计出一个标题栏，另外的两个直接复制粘贴、修改文字就可以了，如图 2-9-19 所示，首先输入文字。

图 2-9-19

12. 输入第一个标题栏的文字，选用 12 号大小的宋体字，字体样式选择"无"，让文字展现成平时网页上看到的边缘非常清晰的文字形式，如图 2-9-20 所示。

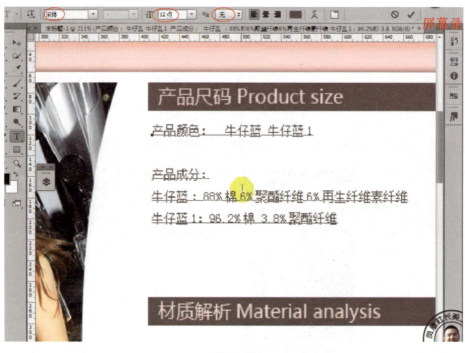

图 2-9-20

13. 接下来再制作第二个参数模块——指数模块，这个模块用到了渐变填充的色条（模特选用不一样时，要根据画面需要进行制作），先输入标题文字，加大行间距，然后使用矩形工具画出一个矩形框，这个矩形的框线要细一些，和大标题栏的线条区分开，如图 2-9-21 所示。

图 2-9-21

14. 通过混合选项给矩形框增加一个渐变叠加，如图 2-9-22 所示。

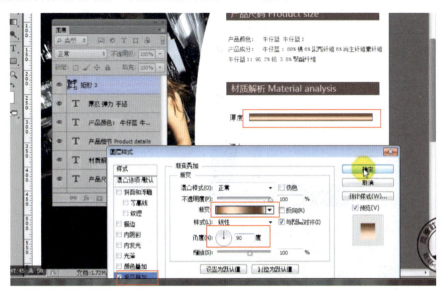

图 2-9-22

15. 为了使画面显得更加精致，再添加一个描边，如图 2-9-23 所示。

图 2-9-23

16. 制作好这个滑动杆似的渐变条之后，再制作做上面的三角形，如图 2-9-24 所示。

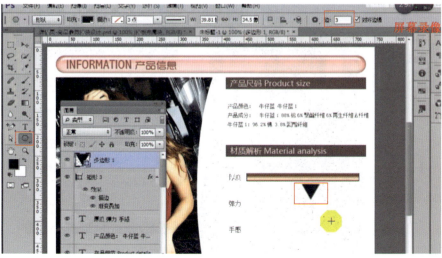

图 2-9-24

17. 调整三角箭头颜色、大小并输入文字，如图 2-9-25 所示。

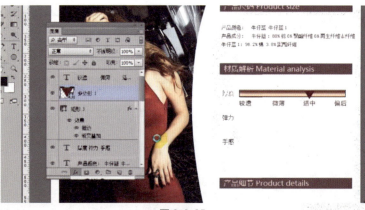

图 2-9-25

18. 给三角形添加一个渐变叠加，选择径向填充，让三角形有一种立体感，如图 2-9-26 所示。

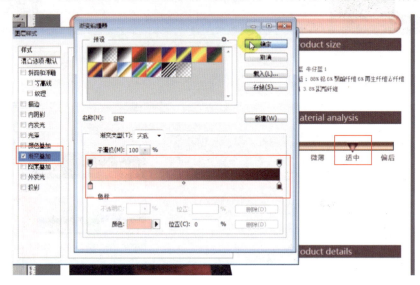

图 2-9-26

19. 现在，一个精致的小滑杆就做好了，接下来用复制粘贴的方法，制作下面的两条滑杆，对滑杆上面三角箭头所指向的文字的大小进行调整，使画面显得更加生动活泼，如图 2-9-27 所示。

图 2-9-27

20. 调入之前准备好的衣服的小图标，如图 2-9-28 所示。

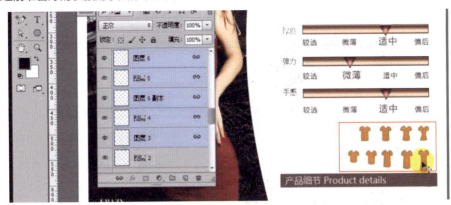

图 2-9-28

21. 按 Ctrl+U 键，通过使用色相/饱和度，增加衣服小图标的颜色，如图 2-9-29 所示。

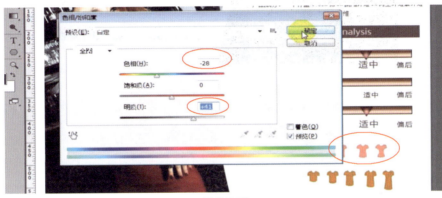

图 2-9-29

22. 为了跟上面的滑杆区分开来，使用直线工具添加一条细线作为分割线，然后给衣服图标打钩标注，如图 2-9-30 所示。

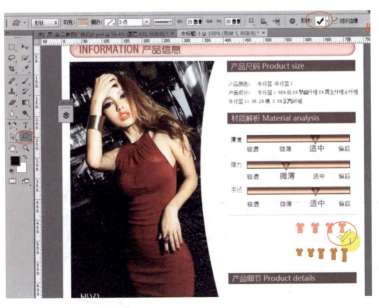

图 2-9-30

23. 给对号设置一个合适的颜色，最后再添加上文字，整个画面就完成了，如图 2-9-31 所示。

图 2-9-31

第三个模块的制作和第二个模块的制作异曲同工，就不演示了，希望读者自己动手操作练习，把握好细节处理，只要把细节一点点做到位，一个漂亮的模块就展现出来了。

实训任务

根据不同类目的产品，设计不同指数参数展示模块。

2-10 尺码表格类型，深浅细线 PS 制作法

2-10-1 分析优秀的宝贝详情页

在详情页中，产品信息下面一般都紧跟着给出一个尺码表，尤其是服装类目，尺码信息有好多种不同的表现形式，如图 2-10-1、图 2-10-2、图 2-10-3 所示。

尺码	衣长	胸围	肩宽	身高	体重
XS	61	80	38	155-160	100-115
S	65	86	41	160-170	115-130
M	69	92	43	170-175	135-150
L	72	98	44	175-180	150-160
XL	75	104	46	180-185	160-180
XXL	79	114	49	185-190	180-200

温馨提示：本店商品均为实物测量，因人工测量误差1-3CM左右，敬请谅解！
测量单位：CM（厘米）

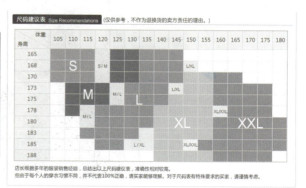

图 2-10-1

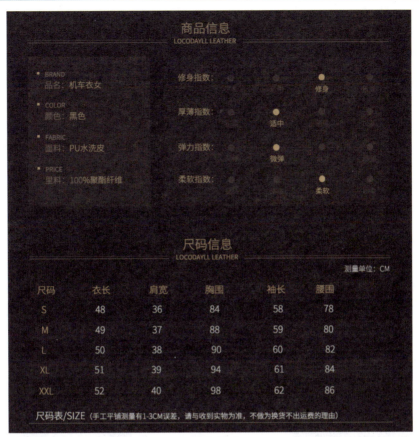

图 2-10-2

体重(斤) 身高(CM)	90	95	100	105	110	115	120	125	130	135
155CM	S	M	M	L	L	XL	XL	XXL	XXL	XXL
160CM	S	M	M	L	L	L	XL	XL	XXL	XXL
165CM	S	S	M	M	L	L	XL	XL	XXL	XXL
170CM	S	S	M	M	L	L	XL	XXL	XXL

简单【一步选码】(以下数据根据平均身材得出，适合大多数人群，如有疑问，请咨询客服。)

图 2-10-3

2-10-2　制作步骤

上面展示了这么多案例，看起来好像变化很多，实际上万变不离其宗，它们都是采用表格方式展现的，除了色块就是线条。下面我们从最简单的开始，学习怎么运用 PS 做一款专业的尺码表，如图 2-10-4 所示。

尺码	腰围	胸围	肩宽	袖长
M	40	80	90	20
L	40	80	90	20
XL	40	80	90	20
XXL	40	80	90	20

图 2-10-4

1. 打开 PS，新建一个宽度为 750px 的画布，一般尺码表不会占据整个模块的宽度，可以利用参考线进行布局，如图 2-10-5 所示。

图 2-10-5

2. 在工具栏中选择矩形工具，在属性栏设置路径、填充黑色、无描边，在画布上绘制矩形，贴紧复制几个，然后留些距离，不要撑满宽度，让最后一个贴紧右侧，选择所有矩形，在属性栏设置水平间距为平均分布，就完成了标题栏设置，如图 2-10-6 所示。

图 2-10-6

3. 对文字进行排列。选择合适的字体，把颜色设置为白色，输入文字，然后复制到每个矩形色块上面，对文字进行更改，如图 2-10-7 所示。

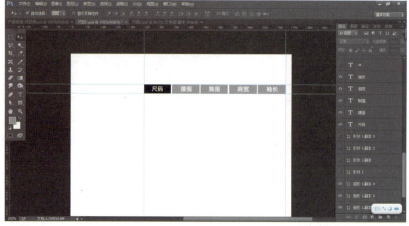

图 2-10-7

4. 制作每一行的分隔直线。在工具栏找到直线工具，按住 Shift 键，画一条直线，在属性栏中输入数值，调整直线的粗细。按 Alt+Shift 键向下拖动鼠标，根据需要的数量复制直线，完成后选择所有图层，在属性栏设置垂直居中分布，把间距调整得一样，如图 2-10-8 所示。

图 2-10-8

5. 输入对应的文字，设置统一的字体字号，然后进行排版布局，完成尺码表，如图 2-10-9 所示。

图 2-10-9

6. 完成好第一种尺码表后，保存操作结果，接下来进行第二种尺码表的排版制作，如图 2-10-10 所示。

测量尺码	肩宽	胸围	袖长	衣长
160(S码)	41	90	18	62
165(M码)	42	94	18	64
170(L码)	43	98	18.5	66
175(XL)	45	102	19	68
180(2XL)	46	106	19.5	70
185(3XL)	48	110	20	72

图 2-10-10

7. 操作过程相同，下面简单进行演示，同样利用刚才布局好的参考线，利用矩形工具绘制一个布满宽度的灰色矩形，如图 2-10-11 所示。

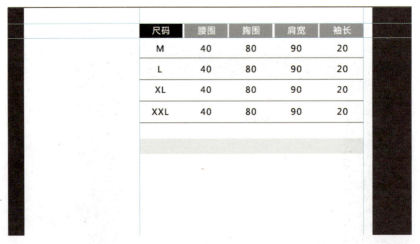

尺码	腰围	胸围	肩宽	袖长
M	40	80	90	20
L	40	80	90	20
XL	40	80	90	20
XXL	40	80	90	20

图 2-10-11

8. 执行"视图"→"对齐到"菜单命令，选中子菜单中"所有选项"，如图 2-10-12 所示。复制一个矩形色块，填充白色边缘，紧贴对齐，然后选中两个矩形，按 Alt+Shift 键，向下拖动鼠标，复制出所需数量的矩形。

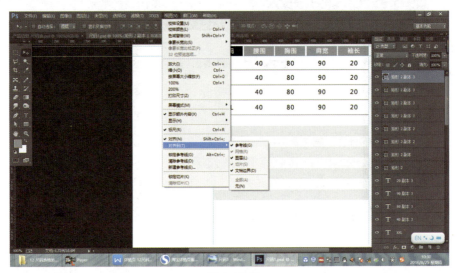

图 2-10-12

9. 输入文字，排版布局，完成制作，如图 2-10-13 所示。以 PSD 格式保存文件。

测量尺码	肩宽	胸围	袖长	衣长
160(S码)	41	90	18	62
165(M码)	42	94	18	64
170(L码)	43	98	18.5	66
175(XL)	45	102	19	68
180(2XL)	46	106	19.5	70
185(3XL)	48	110	20	72

图 2-10-13

10. 制作第三种尺码表，如图 2-10-14 所示。

胸围	89	87	99	89	89
胸围	89	87	99	89	89
胸围	89	87	99	89	89
胸围	89	87	99	89	89
胸围	89	87	99	89	89
胸围	89	87	99	89	89

图 2-10-14

11. 新建一个宽度为 750px 的画布，为了方便制作与对齐，利用参考线进行布局，如图 2-10-15 所示。

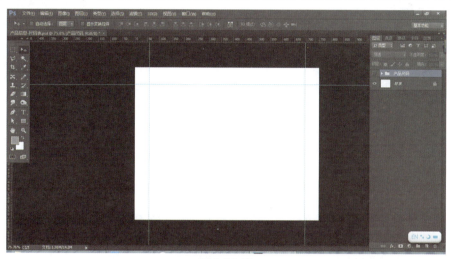

图 2-10-15

12. 在工具栏中选择矩形工具，在属性栏中设置路径，填充灰色，描边黑色颜色 1，在画布上绘制矩形，按需要的数量贴紧着进行复制，使每个矩形描边重叠，然后全选，变换，让所画的矩形撑满宽度，如图 2-10-16 所示。

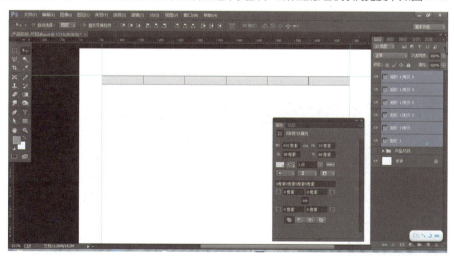

图 2-10-16

13. 选中做好的一排矩形，进行复制，同样使黑色描边重叠，可以利用键盘上的方向键进行调整，如图 2-10-17 所示。

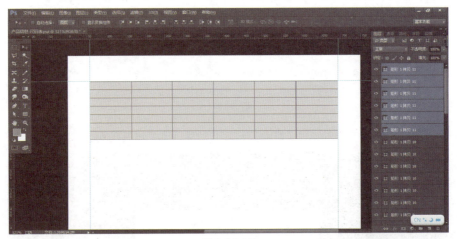

图 2-10-17

14. 为了使尺码表更加美观，可以对其着色，打开色板面板，色板里有许多搭配好的相近色，使用它们可以让颜色比较统一协调，可以选择一系列的颜色使用，对整行或者单个矩形填充颜色，还可以更改描边为白色，如图 2-10-18 所示。

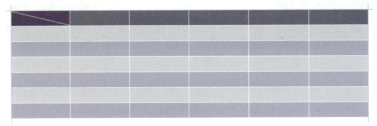

图 2-10-18

15. 为防止表格错落或不小心移动，对表格进行编组，然后锁定图层组，如图 2-10-19 所示。

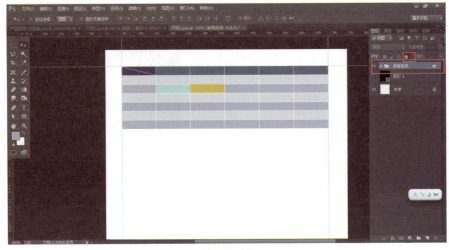

图 2-10-19

16. 输入文字，排版布局，进行编组，完成制作，以 PSD 格式保存文件，如图 2-10-20 所示。编组的好处是方便后期更改，对文字和色块各自建立图层组后，在更改其中一个时，可以将另一个组锁定。

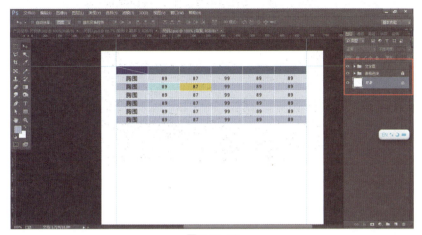

图 2-10-20

17. 制作第四种深色反白效果尺码表。实际上，掌握了上面几个尺码表的制作方法后，可以用类似的方法制作第四种表格，如图 2-10-21 所示。

胸围	89	87	99	89	89
胸围	89	87	99	89	89
胸围	89	87	99	89	89
胸围	89	87	99	89	89
胸围	89	87	99	89	89
胸围	89	87	99	89	89

图 2-10-21

18. 使用上一个表格布局好的参考线，把画布填充为黑色，复制制作好的第三个表格，如图 2-10-22 所示。

胸围	89	87	99	89	89
胸围	89	87	99	89	89
胸围	89	87	99	89	89
胸围	89	87	99	89	89
胸围	89	87	99	89	89
胸围	89	87	99	89	89
胸围	89	87	99	89	89
胸围	89	87	99	89	89
胸围	89	87	99	89	89
胸围	89	87	99	89	89
胸围	89	87	99	89	89
胸围	89	87	99	89	89

图 2-10-22

19. 展开矩形色块图层组，并选择所有矩形色块，在工具栏选择矩形工具，利用属性栏，将其调整为无填充，描边白色，粗细 1px，制作就完成了，如图 2-10-23 所示。

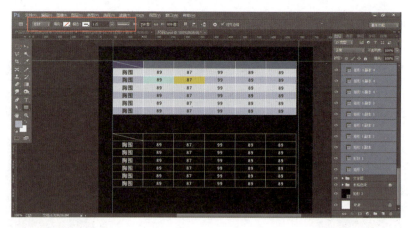

图 2-10-23

实训任务

根据不同种类的产品，设计不同的数据表格。

2-11　商品参数宝贝指数，个性风格 PS 路径图形

2-11-1　通过案例分析优秀的商品参数模块

优秀卖家参数模块有以下特征：

1. 产品专注，主题明确；

2. 产品深度丰富，凸显专注和专业；

3. 详情页优秀，色调统一，品牌个性明显，页面好看仅仅是表象，重点在于考究的细节给消费者强大的信心！

我们通过图 2-11-1 所示的两个案例进行说明。左边这款宝贝指数制作得非常简陋，无法吸引消费者的眼球，没有多少消费者有耐心认真阅读这些文字；右边这个模块运用许多设计排版手法，整个模块制作得非常精致，颜色跟宝贝很搭配，顶部导航栏中有漂亮的图形，下面增加了一些非常生动的指数图标，整个页面给消费者一种赏心悦目的感觉。

图 2-11-1

下面我们就来制作一款如图 2-11-1 的右图所示的比较精致的宝贝指数模块。

2-11-2　制作商品参数模块

1. 打开 PS 软件，新建一个宽度为 750px，高度为 850px 的画布，让消费者一目了然。然后进行构图，可以看到这个模块分三个部分：顶部导航、左侧图片、右侧文字，可以利用参考线布局，画面上下部分留点空隙，给消费者一种透气感觉，如图 2-11-2 所示。

图 2-11-2

2. 在工具栏选择矩形工具，在画面顶部绘制一个导航栏，属性调整为：形状，填充红色，无描边，同样用矩形工具绘制模特图区域和指数区域，要养成良好的给每一个区域分组的习惯，以方便管理与修改，如图 2-11-3 所示。

图 2-11-3

3. 制作导航条上的小三角形，利用参考线固定大小与位置，在参考线位置利用钢笔添加锚点工具，为矩形添加三个锚点，如图 2-11-4 所示。

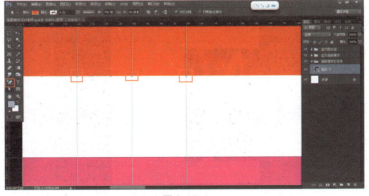

图 2-11-4

4. 在工具栏找到直接选择工具，选中中间锚点，往下拖动，形成三角形，这时每个转折点都是圆角，找到钢笔工具列表，选择转换点工具，依次点击三个锚点，完成制作，如图 2-11-5 所示。

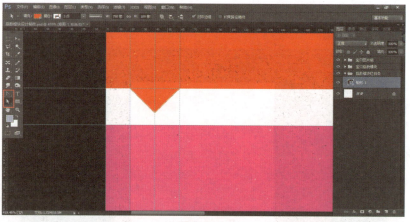

图 2-11-5

5. 用同样方法制作画面上其他部位的形状，如图 2-11-6 所示。

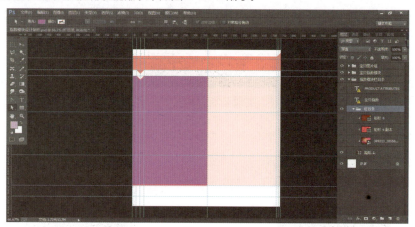

图 2-11-6

6. 输入模块名称，进行排版，然后置入模特图片，置于形状图层之上，右击模特图层，创建剪贴蒙版，调整模特位置及大小，如图 2-11-7 所示。

图 2-11-7

7. 制作右边的指数模块。输入文字，排好大小及位置，用矩形工具绘制白底，用添加锚点的方式制作向右的箭头，如图 2-11-8 所示。

图 2-11-8

8. 选择白色箭头，按 Alt+Shift 键往右拖拽复制一个，填充背景色并改变图层顺序把图层置于白色箭头之下，重复操作再复制一个填充白色，置于两个箭头图层下面。如图 2-11-9 所示。

图 2-11-9

9. 选择做好的箭头的三个图层，将其编组，为图层组添加投影。做好一个之后，进行复制，调整好位置，置于其他文字下，如图 2-11-10 所示。

图 2-11-10

10. 再复制一个箭头组，拖到下面，输入文字，由于文案内容较长，箭头长度不够，这时候不能利用自由变换来修改，因为这样做，箭头会变形，先将箭头组向右移动至文字最右面，在工具栏找到直接选择工具，选中箭头左侧两个锚点，用方向键向左移动到合适位置，如图 2-11-11 所示。

图 2-11-11

11. 接着往下开始做不规则的图形，制作方法一样。用矩形工具绘制一个跟箭头高度相等的矩形，用直接选择工具选择矩形右下角锚点，向右移动形成斜角，复制一个，调整图层顺序，置于刚完成的形状图层下面，往左移动填充红色，如图 2-11-12 所示。

图 2-11-12

12. 其余的图形制作方法一样，都是利用矩形工具先绘制矩形，再用直接选择工具进行调整，局部指数模块就制作完成了，如图 2-11-13 所示。

图 2-11-13

13. 进一步制作导航栏。选择导航栏顶部的形状图层，用矩形工具绘制一个比导航条大一点的矩形，填充一个深红色，右击创建剪贴蒙板，用直接选择工具选择锚点，制作倾斜效果，如图 2-11-14 所示。

图 2-11-14

14. 剪贴蒙版可应用于多个图层，复制深红色图层，向右移动，填充浅红色，调整图层顺序，置于深红色图层下面，如图 2-11-15 所示。

图 2-11-15

15. 在导航栏右侧添加图案，让画面不那么单调。找到花素材，置入画面当中，调整图层顺序，置于导航条形状图层之上，创建剪贴蒙版，输入英文文案，如图 2-11-16 所示。

图 2-11-16

16. 现在模特图片的背景全为黑色，有点突兀，为其增加一个粉色边框，在工具栏找到矩形工具，选择照片区形状图层，在属性栏调整描边为粉色，描边样式为内部。

宝贝指数模块就制作完成了，如图 2-11-17 所示。

图 2-11-17

实训任务

根据提供的产品，设计 3 种不同形式的宝贝参数详情页。

2-12 关联营销推荐精品，二次转化增加销量

2-12-1 通过案例分析优秀的关联推荐模块

当消费者进入宝贝详情页后，有可能在宝贝推荐里找到自己喜欢的宝贝，从而点击，进入到另一款宝贝页面，这个模块是很多卖家的必备模块，可以留住买家，进行二次转化，降低跳失率。下面一起来学习，怎么利用关联营销把店铺整个串联起来，让消费者进入一个宝贝页面就相当于进入整个店铺，这样可以在店铺内随意浏览，寻找自己需要的产品。不用担心加了这个模块后消费者会流失，或影响消费者注意力。可以通过数据来了解关联推荐模块的作用，如图 2-12-1 所示。

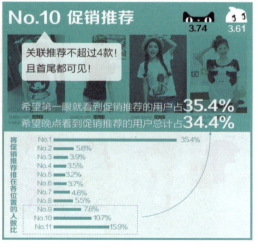

图 2-12-1

许多优秀的买家详情页一定会有关联推荐模块，图 2-12-2 显示了一些的优秀案例。

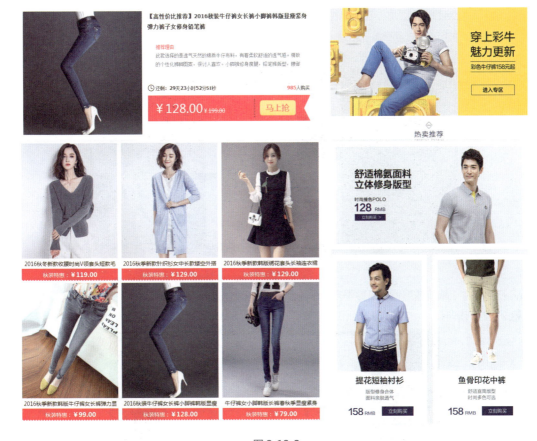

图 2-12-2

2-12-2　制作关联推荐模块

上面看了很多的数据和优秀关联推荐模块，下面我们就开始学习怎么制作。

1. 打开 PS，新建一个宽 750px，高 800px 大小的画布。

2. 关联推荐包含很多个产品单元，看起来比较复杂，其实可以先做好其中一个单元再进行复制。先将画布三等分，用矩形工具，选择形状模式，在画布上画一个高度为 360 的矩形，按 Alt 键拖拽复制一个矩形，重复操作得到三个同样大小的矩形，不要撑满画布，流出一定间距，让第一个和第三个矩形贴紧画布边缘，同时选择三个矩形图层水平居中分布。如图 2-12-3 所示。

图 2-12-3

3. 模块的展示方式为：上面用一个方形显示产品图片，下面显示产品文案信息。首先在顶部做一个产品区域，按住 Ctrl 键，点击绘制的矩形图层，在信息栏查看，得知矩形宽度为 245，选择矩形工具在画布点击，在弹窗输入 245px*245px 大小的矩形，放置于单元色块上，如图 2-12-4 所示。

图 2-12-4

4. 置入产品图片，修改图层顺序，置于方形单色色块的图层之上，右击产品图片，创建剪贴蒙版，调整位置和大小，如图 2-12-5 所示。

图 2-12-5

5. 调整好产品图片后，在图片下方输入文案信息，价格信息要更换字体，放大突出。用矩形工具绘制红色色块，做一个引导按钮，输入文案"立即抢购"。在"立即抢购"后面绘制小箭头，增加消费者点击欲望，如图 2-12-6 所示。

图 2-12-6

　　6. 为了使这个模块更生动和更有吸引力，在单元上方做一个标签。在工具栏找到自定义形状工具，在属性栏找到形状，点击找到箭头，在图片上绘制，颜色更改为绿色，输入新品的推荐文字，如图 2-12-7 所示。

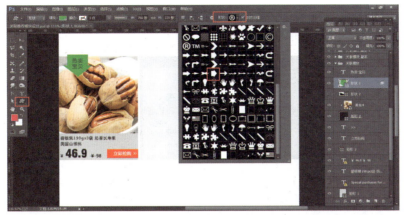

图 2-12-7

　　7. 为了使标签更加美观，为箭头添加一个水晶的效果。执行"窗口"→"样式"菜单命令，弹出浮动面板，选择箭头形状图层，在样式面板点击，选择一款水晶按钮样式，直接应用于形状图层，如图 2-12-8 所示。

图 2-12-8

　　8. 为箭头增加立体感和从图片后面进入画面的效果。把箭头向上移动，在箭头右侧边缘用钢笔工具绘制一个黑色色块，如图 2-12-9 所示。

图 2-12-9

9. 第一个单元做好后，将多余的图层删除掉，选择所有图层进行编组复制。在属性栏用水平居中分布，将每个单元之间的间距调整好，然后将三个图层组选中，复制到下面一排，完整的模板就制作好了，如图 2-12-10 所示。

图 2-12-10

10. 制作完模板后，可以替换产品，更改文案信息，完成整个模块制作，如图 2-12-11 所示。

图 2-12-11

实训任务

根据企业提供的产品，完成产品详情页。

首页设计

3-1-1　淘宝网与天猫

现在，越来越多的人喜欢在网上购物，因为比较方便、容易可行。用于网购的网站有很多，比如当当网、京东网、拍拍网、淘宝网等，但目前大多数人还是喜欢在淘宝网上买东西，因为觉得比较保险。

淘宝是什么？天猫又是什么？

图 3-1-1

淘宝网店铺任何人都可以开，而天猫(也就是商城)需要进行公司注册。开一个淘宝店，不需要缴纳什么，随便一个人就可以开；而入驻天猫商城则至少要缴纳一万元保证金（当然了，淘宝店也可以自愿加入消费者保障，缴纳保证金）。天猫是一个商场，而淘宝只是乱哄哄的集市；天猫在商场里卖出东西，需要向淘宝上交佣金，淘宝店则不需要。所以在淘宝网里主推天猫品牌，而淘宝店铺就没有淘宝类型。

3-1-2 淘宝美工流程

淘宝美工流程如图 3-1-1 到图 3-1-9 所示。-

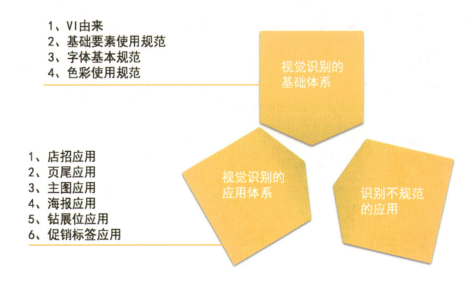

图 3-1-1

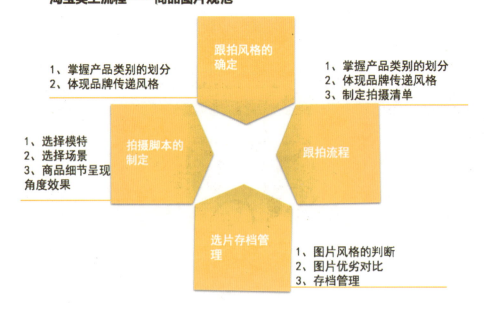

图 3-1-2

淘宝美工流程-----商品图片处理

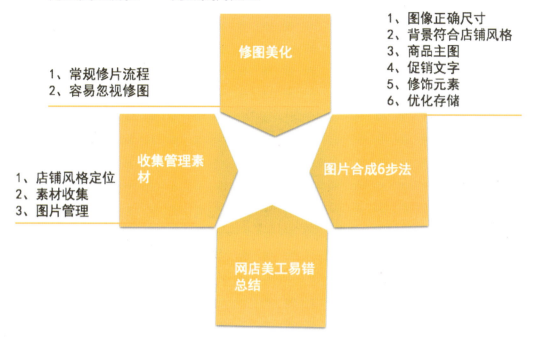

图 3-1-3

淘宝美工流程-----广告图设计

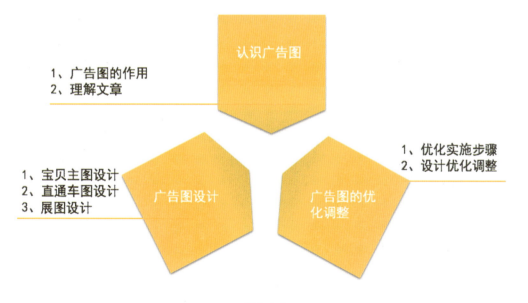

图 3-1-4

淘宝美工流程-----详情页设计

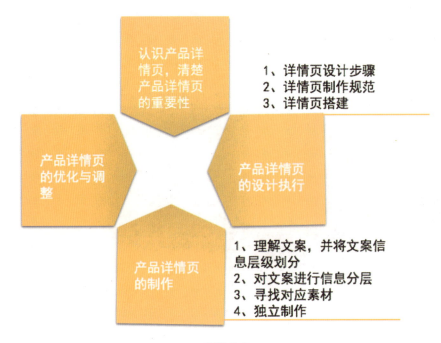

图 3-1-5

淘宝美工流程-----首页设计

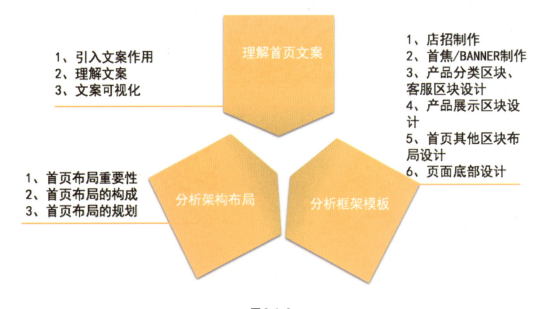

图 3-1-6

淘宝美工流程-----专题页设计

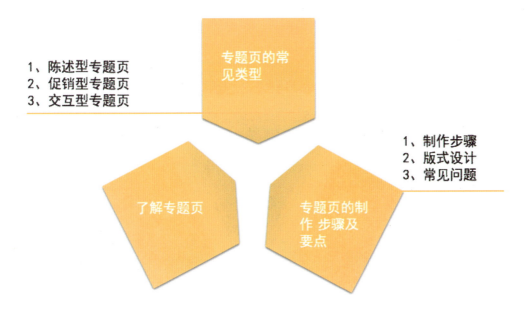

1、陈述型专题页
2、促销型专题页
3、交互型专题页

专题页的常见类型

1、制作步骤
2、版式设计
3、常见问题

了解专题页

专题页的制作 步骤及要点

图 3-1-7

淘宝美工流程-----页面上线

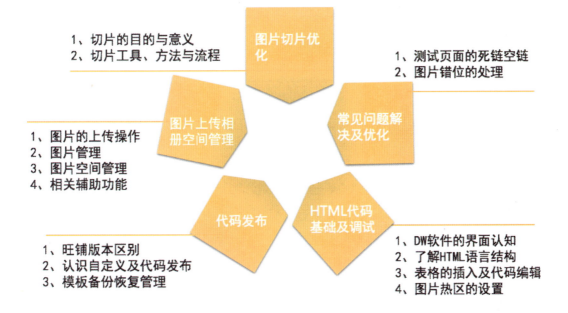

1、切片的目的与意义
2、切片工具、方法与流程

图片切片优化

1、测试页面的死链空链
2、图片错位的处理

图片上传相册空间管理

常见问题解决及优化

1、图片的上传操作
2、图片管理
3、图片空间管理
4、相关辅助功能

代码发布

HTML代码基础及调试

1、旺铺版本区别
2、认识自定义及代码发布
3、模板备份恢复管理

1、DW软件的界面认知
2、了解HTML语言结构
3、表格的插入及代码编辑
4、图片热区的设置

图 3-1-8

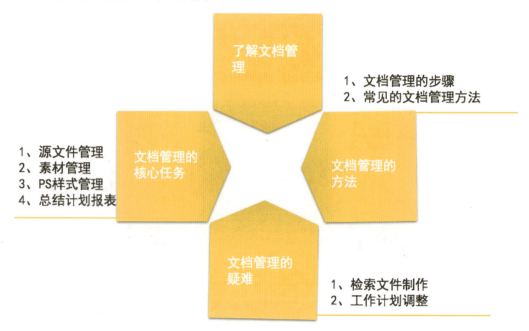

淘宝美工流程-----文档管理

了解文档管理理

1、文档管理的步骤
2、常见的文档管理方法

1、源文件管理
2、素材管理
3、PS样式管理
4、总结计划报表

文档管理的核心任务

文档管理的方法

文档管理的疑难

1、检索文件制作
2、工作计划调整

图 3-1-9

3-2 全屏轮播设计安装，矮丑穷变身高大上

只有精心制作首页轮播海报，打造高大上的店铺，告别低端店铺形象，才能吸引买家。

3-2-1 首页分析

当顾客进入一家店铺时，最先观察到的是店铺首页。首页作为门面，体现了店铺的水平及质量。首页中包含店招、促销区、导航等，店招用作招牌，促销区传递商品及优惠信息，导航可以对店铺进行快速分流。由此可见，一个好的首页，对店铺的影响是巨大的。

而在首页中最重要的就是首屏，它是卖家的第一窗口。首屏就像我们对人的第一印象，它能够影响日后对这个人的判断。首屏中，最引人注目的地方就是宽屏海报。一个宽屏海报能够通过文案和设计，体现店铺的内容，吸引客户注意力。

【案例1】

设计简单明了，大气中不失精致，体现出了店铺产品的风格，如图 3-2-1 所示。

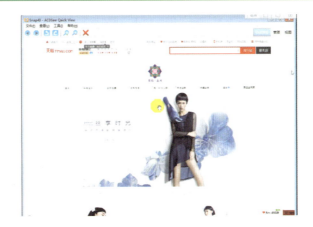

图 3-2-1

在宽屏海报醒目位置添加活动文案和促销信息，如图 3-2-2 所示。

图 3-2-2

在宽屏海报内通过几何分割的设计和数字营销，向顾客直观地传达产品信息和特点，如图 3-2-3 所示。

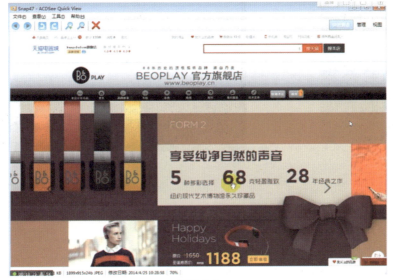

图 3-2-3

通过这几个案例可以发现，一个优秀的宽屏海报，在首页不但要向顾客展示店铺的风格、产品特点等信息，还要展示促销信息，最大化地吸引顾客，提高顾客在网页上的停留时间和访问深度以及购物的欲望。一个优秀的宽屏海报对店铺的影响是非常深远的。

3-2-2　如何制作宽屏海报

1. 新建画布，宽屏海报的宽度一般为 1920px，高度不限。但为了在进入店铺后能在首屏内完整显示海报，高度一般在 450px-600px 之间，在目前的主流显示器下最常用的高度是 600px。

2. 布局

通过前面的案例可以发现，一般情况下将海报的主要内容集中在海报中间宽 950px 的范围内，左右两侧可以放一些不很重要的内容。标定这个范围有一个小技巧，在 PS 里新建一个 950px*600px 的画布，填充任意颜色，然后通过选区，复制整个画布到宽屏海报的画布里，并做好辅助线，如图 3-2-4 所示。

图 3-2-4

3. 辅助线设置好之后，在画布中添加素材，摆放到合适的位置，并与粉色的图层创建一个剪贴组，使素材只在粉色区域内。然后挑选一个合适的背景颜色，填充进整个背景，如图 3-2-5 所示。

图 3-2-5

4. 在素材上添加蒙板，使用图 3-2-6 所示的渐变工具，柔和素材与背景之间的过渡，如图 3-2-7 所示。

图 3-2-6

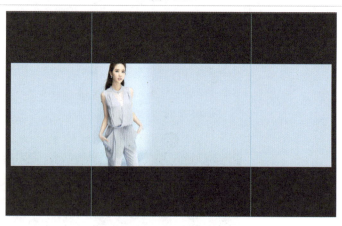

图 3-2-7

5. 使用矩形工具绘制两个矩形，并选择合适的颜色，如图 3-2-8 所示。

图 3-2-8

6. 如图 3-2-9 所示，使用钢笔工具内的添加锚点工具，在右边矩形的宽边上，添加一个锚点，并向内拖动，再使用转换点工具，点击刚才添加的锚点，结果如图 3-2-10 所示。

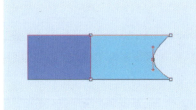

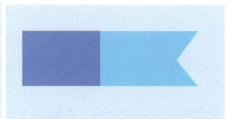

图 3-2-9   图 3-2-10

7. 在绘制的矩形上添加文案，新建图层，使用多边套索，在制作好的标签下绘制选区，如图 3-2-11 和图 3-2-12 所示。

图 3-2-11   图 3-2-12

8. 在选区内填充黑色，取消选区，执行"滤镜"→"模糊"→"高斯模糊"菜单命令，选择合适的半径后点击"确定"，结果如图 3-2-13 所示（注意这个图层需要位于制作好的标签的下方），然后在阴影上添加蒙板，使得阴影外围过渡更圆滑，如图 3-2-14 所示。

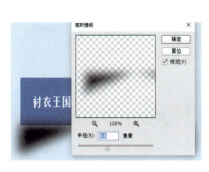

图 3-2-13   图 3-2-14

9. 在海报上添加合适的文案等，就可以完成一张宽屏海报了。

3-2-3 宽屏海报轮播的安装

1. 打开"文件"菜单，或使用 Ctrl+Alt+Shift+S 快捷键，选择储存为 WEB 格式的文件。

2. 进入卖家中心，将储存好的图片传入图片空间。在图片空间中找到刚才上传的图片，点击位于图片中间的复制链接，如图 3-2-15 所示。

图 3-2-15

3. 在网页地址栏输入 http://www.001daima.com/active_editor.html，进入码工助手模块编辑器网页。点击"轮播"，添加轮播模块。双击"轮播模块"打开属性面板。点击"添加轮播图"，然后粘贴在图片空间复制的图片链接，如图 3-2-16 所示。

图 3-2-16

4. 在属性面板中，设置左侧距离为-485px，顶部距离为 0px，图片大小不用设置，直接点击实际尺寸，如图 3-2-17 所示，使图片居中放置，如图 3-2-18 所示。

图 3-2-17   图 3-2-18

5. 点击属性面板上的箭头菜单，设置箭头图片所在的位置，如图 3-2-18 所示，也可以自己设计一个箭头的样式替换箭头图片。

6. 点击网页右上角，生成代码，如图 3-2-19 所示，复制代码。

图 3-2-18

图 3-2-19

7. 进入卖家中心——店铺装修。在店招下方添加自定义内容区模块，然后点击"模块编辑"，进入模块编辑页面。点击圈内按钮，进入代码编辑，如图 3-2-20 所示，将刚才在码工助手复制的代码粘贴进来。

图 3-2-20

8. 点击"确定"，效果如图 3-2-21 的左图所示，点击右上角，预览效果，结果如图 3-2-21 的右图所示。

图 3-2-21

9. 当前处于预览模式，页面超过 1500px，发布时将不显示，宝贝详情页不支持页面背景，如图 3-2-22 所示。

图 3-2-22

实训任务

根据所学内容，制作首页轮播海报《首页宽屏海报设计》，打造高大上的店铺。

3-3　首页背景彰显高端，固定背景妙招

3-3-1　首页背景的两种常见形式

全屏背景：

在首页设置全屏背景。其特点是：烘托气氛，提升店铺质感，使店铺看上去更大气，如图3-3-1所示。

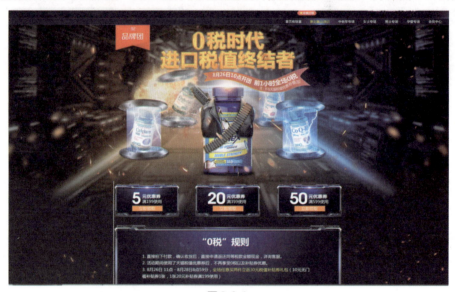

图 3-3-1

固定背景：

图3-3-2中红色箭头所指位置为固定背景。其特点是：上下滚动网页时，固定背景不发生变化，不会随着页面的滚动而上下滚动，这样做，显得简洁大方，可以充分利用背景区域做营销。

图 3-3-2

3-3-2　固定背景经典案例分析

固定背景是当前大多数店铺应用的主流，下面通过几个案例看一下卖家在固定背景上所加的内容。

左面用二维码引导手机下单，右面显示的"一直下拉"引导消费者浏览，如图3-3-3所示。

图3-3-3

把优惠券固定在背景上，让顾客浏览店铺的同时，可以看到优惠信息，引导消费者购买，如图3-3-4所示。

图3-3-4

【案例3】

用背景烘托氛围，这种方法跟全屏背景比较类似，但是这个背景图固定在屏幕上，不会上下滚动，如图 3-3-5 所示。

图 3-3-5

【案例4】

把店铺内的分类导购模块当做固定背景，可以引导消费者精准购物，防止顾客流失，如图 3-3-6 所示。

图 3-3-6

3-3-3　制作平铺背景，简洁明快改变店铺形象

1. 打开做好的首页，如图 3-3-7 所示，在上面加背景，观察效果。

图 3-3-7

2. 根据首页色调，选择背景色调和花色，首页显示的是女装类目，主色调为绿色，所以选个带花边的绿色背景比较符合主题，如图 3-3-8 所示。

图 3-3-8

3. 调好背景尺寸，设置宽度为 1920px，高度不限，中间空出 990px，注意保存时在不失真的情况下调成最小，如图 3-3-9 所示。

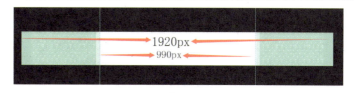

图 3-3-9

4. 设置背景为定义图案，留作备用，如图 3-3-10 所示。

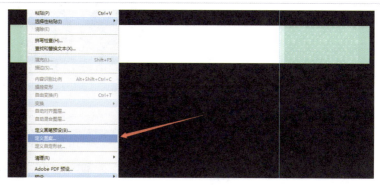

图 3-3-10

5. 回到首页文件，新建图层，添加色阶蒙版并调整，如图 3-3-11 所示。

图 3-3-11

6. 执行"编辑"→"填充"菜单命令，如图 3-3-12 所示，打开"填充"对话框。

图 3-3-12

7. 在"使用"下拉列表里选"图案",在"自定图案"里找到背景,点击"确定",如图 3-3-13。

图 3-3-13

8. 现在可以预览背景效果了,如图 3-3-14 所示。

图 3-3-14

9. 把做好的背景装到店铺里去。先打开淘宝后台,进入装修页面,点击"页面",如图 3-3-15 所示。

图 3-3-15

10. 点击"更换图片",换成自己制作的背景图,注意文件大小不要超过 1M,在不失真的情况下文件越小越好,背景显示设置为"纵向平铺",对齐方式设置为"居中",如图 3-3-16 所示。

图 3-3-16

11. 这样就设置好了背景，效果如图 3-3-17 所示。

图 3-3-17

3-3-4　妙招实战，制作固定背景及要领分享

1. 下面开始制作高大上的固定背景，先选素材，根据店铺的主题进行选择，尺寸为宽 1920px，高 1080px，然后放到页面里，如图 3-3-18 所示。

图 3-3-18

2. 制作二维码和引导促销区。先在左面画一个圆角矩形，制作一个色块，如图 3-3-19 所示。

图 3-3-19

3. 给小色块加一个样式 拉开与背景的层次。如图 3-3-20 所示。

图 3-3-20

4. 导入准备好的素材 ,添加一些小的修饰,添加文案,排好版,如图 3-3-21 所示。

图 3-3-21

5. 制作二维码背景 ,画一个圆角矩形,如图 3-3-22 所示。

图 3-3-22

6. 加一个内发光样式 ,参数设置如图 3-3-23 所示,注意把矩形颜色调成接近白色。

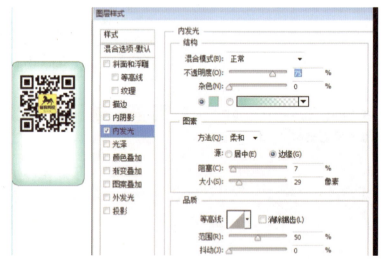

图 3-3-23

7. 完成固定背景，添加文案。如图 3-3-24 所示。

图 3-3-24

3-3-5　固定背景的装修技法

1. 下面学习如何将做好的固定背景发布到店铺中，先打开"图片空间"，把固定背景上传到"图片空间"内，并生成链接并复制链接，如图 3-3-25 所示。

图 3-3-25

2. 我们要用到一段代码，把选定部分换成我们刚刚上传的图片链接，然后复制整段代码备用。如图 3-3-26 所示。

代码如下：

body{background:url(http://img03.taobaocdn.com/imgextra/i3/49368587/T2llswXg8aXXXXXXXX_!!49368587.jpg) no-repeat center;background-attachment:fixed;}

现在对这段样式讲解一下：

body 是整个页面的基本元素，也是最外面的的一个HTML标签；

background 是背景样式，其中url里面的是背景图片地址，no-repeat 代表图片不平铺，center 代表图片居中；

background-attachment 是最关键的，规定背景图片是固定还是滚动，这里我们设置的当页面的其余部分滚动时，背景图像不会移动；

图 3-3-26

3. 打开淘宝后台，进入装修页面。点击导航栏的"编辑"按钮。如图3-3-27所示。

图 3-3-27

4. 点击"显示设置"，把刚编辑好的代码粘贴到下面，点击"确定"，如图3-3-28所示。

图 3-3-28

实训任务

根据所学知识，完成固定背景设计，并上传到店铺后台。

3-4 设计首页分流导购模块

网店装修最核心的三个问题是：点击率、转化率、跳失率，分别对应主图、详情页、首页。首页装修中最关心的一个数据是"跳失率"。跳失率是指顾客通过相应入口进入，只访问了一个页面就离开的访问次数占该页面总访问次数的比例。所以跳失率越低对于我们的店铺越有利，别让客户流失！

3-4-1　优秀首页装修必备核心模块分析，重点导购模块的装修方法

下面我们通过几个案例来看下首页装修的重点。

【案例1】

利用文字的一个分区，加上各个小类目的导购分区，如图3-4-1所示。

图 3-4-1

【案例2】

优惠券导购，以及旺旺客服的一个导购栏目，如图3-4-2所示。

图 3-4-2

【案例 3】

图 3-4-3 所示的页面只有一个优惠券的导购，这个页面是世界杯期间的一个首页，它主要侧重促销。

图 3-4-3

【案例 4】

图 3-4-4 所示页面运用了大量图文结合的导购栏目。

图 3-4-4

【案例 5】

运用品牌导购方式，如图 3-4-5 所示。

图 3-4-5

从以上 5 个案例可以总结出首页的一个核心作用，那就是"导购"，对引来的流量进行二次转化，防止访客跳失。要做到这一点应注意以下三条规律：

1. 首页中要巧妙地安排导购模块，这样可以最大化利用店铺首页的客流。

2. 展示优惠券、包邮区、会员区、店铺主打类目、图标式多品牌导购分流，都是不错的选择。

3. 新手没有丰富的美工经验，推荐使用"图片+文字"的形式，它的特点非常直观、醒目、生动，如图 3-4-6 所示。

图 3-4-6

3-4-2　导购模块布局设计，快速提升排版实战技法

上面提到了导购的重要性，下面具体设计一个属于自己的导购模块，看一下导购模块到底应怎样布局。

此前提到，图文结合的模式是最出效果的一种排版方法，也是新手最好的一个选择，现在就来设计一个简洁实用的导购模块。

排版布局

图 3-4-7

1. 新建画布。导购模块的尺寸一般有两种：天猫店宽度为 990px，高度不限；淘宝店宽度为 950px，高度不限。高度要看具体情况确定，每个店铺情况不同，有的店铺类目比较多，就设得高点，反之低点，这里设置为 950px*500px。

2. 进行布局。在布局前要做好辅助线，辅助线的位置按图片的需求设置，没有固定要求，如图 3-4-8 所示。

图 3-4-8

3. 设置好辅助线后，用矩形工具画色块，颜色随意，如图 3-4-9 所示。

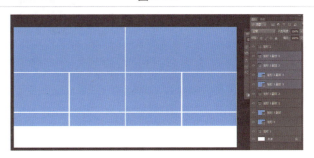

图 3-4-9

画方块的过程中有很多小技巧。可以先画一个正方形，然后复制到右边，调好两个正方形的间距，选中两个正方形，一起进行缩放，这样就可以得到一个等间距的模块了，如图 3-4-10 所示。再缩放这两个正方形并复制到右下方，得到图 3-4-11 所示的效果，复制刚做完的矩形，得到左下方的小矩形，然后进行缩放。

图 3-4-10　　　　　　　　　　　　　　　　图 3-4-11

这样基本就把整个页面布局完了，接下来要把文字和照片安排到布局好的版式中，填充布局区域。

4. 先完成第一部分模块，输入好文字，中文用微软雅黑 48 号字，英文用微软雅黑 18 号字，然后复制输入的文字，粘贴到右边的第二模块中，改动文字内容，如图 3-4-12 所示。

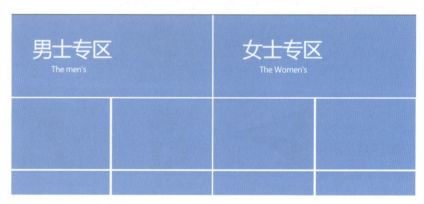

图 3-4-12

5. 接下来插入图形，对找好的素材（如图 3-4-13 所示）进行调整，因为我们的背景是有色彩的，所以要把模特抠出来，放到对应的模块里。

图 3-4-13

6. 抠图时可能遇到几个问题，对于背景颜色不均匀，头发太散乱的女模特尤其困难，下面用女模特演示一下。首先用快速选择工具把女模特的背景选出来后进行反选，然后点击上面的"调整边缘"按钮，选一个黑色的背景看一下效果，如图 3-4-14 所示，这时能明显看到，边缘部位有很多毛边。

图 3-4-14

7. 用调整边缘调整图片，用鼠标指针圈出毛边部位，就能很轻松地就去掉毛边部分，然后适当加点羽化数值(不要太大，0.3 左右即可)，点击"确定"，复制选区部分，如图 3-4-15 所示。

图 3-4-15

8. 把抠好的模特图复制在对应的框中，进行调整，用剪切蒙版(按住 Alt 键，把鼠标指针放到模特图图层和粉色模块图层中间，会看到一个下拐的小箭头，然后点击鼠标右键)把图片镶嵌到粉色框框里，如图 3-4-16 所示。

图 3-4-16

9. 用相同的方法制作"男士专区"，如图 3-4-17 所示。

图 3-4-17

10. 完成上半部分后，开始下半部分的制作，先导进一张图片，放到指定模块的图层上面，再次利用"剪切蒙版"把图片镶嵌到对应的模块中，如图 3-4-18 所示。

图 3-4-18

11. 制作下面的文字部分，先在对应的模块上输入需要的文字，对英文字，选个漂亮的字体，把模块换成白色,加一个灰色1px描边，如图 3-4-19 所示。

图 3-4-19

12. 把下半部分依次复制到右边，再对图片和文字进行替换，最后稍作修饰，给"男士专区"和"女士专区"各加一个白框，如图 3-4-20 所示。

细节决定成败，这样我们就基本完成了一个导购模块的制作。

图 3-4-20

实训任务

根据所学知识，完成首页分流模块的设计，并上传到店铺后台。

4 店铺装修必备

4-1　开店准备工作

4-1-1　相关知识

一、支付宝

支付宝是全球领先的第三方支付平台。

支付宝成立于 2004 年 12 月，由阿里巴巴集团创办，致力于为用户提供"简单、安全、快速"的支付解决方案。旗下有"支付宝"与"支付宝钱包"两个独立品牌。自 2014 年第二季度开始成为当前全球最大的移动支付厂商。

支付宝主要提供支付及理财服务。包括网购担保交易、网络支付、转账、信用卡还款、手机充值、水电煤缴费、个人理财等多个领域。在进入移动支付领域后，为零售百货、电影院线、连锁商超和出租车等多个行业提供服务。还推出了余额宝等理财服务。

二、淘宝网

淘宝网（taobao.com）是中国最大的网购零售平台，注册用户近 5 亿，每天的固定访客超过 6000 万。

随着淘宝网规模的扩大和用户数量的增加，淘宝也从单一的 C2C 网络集市变成了包括 C2C、团购、分销、拍卖等多种电子商务模式在内的综合性零售商圈。

2012 年 11 月 11 日，淘宝单日交易额 191 亿元，年交易额为 6100.8 亿元，比 2010 年增长 66%，占中国网购市场 80% 的份额。

截止 2013 年 3 月 31 日的年度，淘宝网和天猫平台的交易额合计突破人民币 10,000 亿元，成为世界范围的电子商务交易平台之一。

三、认识店铺后台

店铺后台如图 4-1-1 所示。

图 4-1-1

四、准备事项

准备事项如图 4-1-2 所示。

图 4-1-2

4-1-2　实际准备操作

1. 进入淘宝登录界面，输入淘宝账号密码登录，如果没有淘宝号，可以点击"免费注册"，如图 4-1-3 所示，注册一个淘宝号。

图 4-1-3

2. 有两种注册方式，手机号注册和邮箱注册，如图 4-1-4 所示。

图 4-1-4

3. 点击"下一步"，输入淘宝账号密码，点击"登录"。

图 4-1-5

4. 点击"卖家中心"进入店铺后台，此时可以预览淘宝店铺后台，如果要开店需要进行支付宝实名认证，根据要求填写信息，如图 4-1-6 和图 4-1-7 所示。

图 4-1-6

图 4-1-7

5. 完成支付宝认证后还要进行淘宝开店认证，需要提前准备身份证，手机拍照，填写信息，如图 4-1-8 所示，完成后等待 1 到 3 个工作日的审核。

图 4-1-8

4-2 淘宝装修，初识 DW

新手开淘宝店，看到别人的店铺装修得很漂亮和吸引人，一般都也想弄个高大上的页面，可惜力不从心。虽然在网上可以购买到供参考的淘宝店铺模板，但购买的模板有局限性，不是 100% 符合自己的心意。要想装修具备自己风格的店铺，就需要运用 Dreamweaver 进行修改。下面简单介绍怎么使用 Adobe Dreamweaver（简称 DW），制作一个漂亮的，美观的淘宝店铺。

一、认识淘宝后台代码

在淘宝店铺装修过程中涉及 DW 源码的两个方面，一是店铺装修的自定义内容区（添加模块），如图 4-2-1 所示，二是宝贝详情页的制作，如图 4-2-2 所示。这两个方面的编辑关系淘宝店铺装修的好坏。

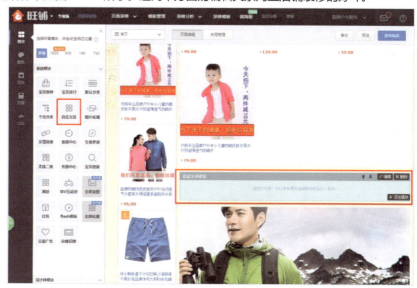

图 4-2-1

图 4-2-2

1. 自定义内容区（基础模块——自定义内容区——编辑—— <> 源码）在装修的过程中可以增加，删除，上下移动位置。

2. 宝贝详情页（宝贝管理——编辑宝贝——宝贝描述—— <> 源码）一般的常规操作是直接编辑文字，插入图片等，但这里面我们也可以自己直接用源码进行编辑。

二、源码是什么？

这两个地方的源码编辑有什么作用呢？这两个页面源码的编辑实际上是淘宝留出的与用户之间的接口，是淘宝留给用户的两个可以自由编辑的装修页面，它们是淘宝美工装修的重点。店铺装修好坏，主要体现在这两个区域源码的编辑上，这也是淘宝卖家装修店铺唯一能自由发挥的地方。一般店铺装修，应先用 DW 软件编辑完成后，直接拷贝到淘宝店铺装修的源码编辑区内，如图 4-2-3 所示。

```
<li class="sn-mytaobao menu-item j_MyTaobao">
    <div class="sn-menu">
        <a class="menu-hd"
            href="//i.taobao.com/my_taobao.htm"
            target="_top" rel="nofollow">我的淘宝<b></b></a>

        <div class="menu-bd">
            <div class="menu-bd-panel" id="myTaobaoPanel">
                <a href="//trade.taobao.com/trade/itemlist/list_bought_items.htm?t=20110530"
                    target="_top" rel="nofollow">已买到的宝贝</a>
                <a href="//trade.taobao.com/trade/itemlist/list_sold_items.htm?t=20110530"
                    target="_top" rel="nofollow">已卖出的宝贝</a>
            </div>
        </div>
    </div>
</li>
```

图 4-2-3

三、初识 HTML

首先说明什么是"超文本"。超文本指页面内可以包含图片、链接，甚至音乐、程序等非文字元素。超文本标记语言的结构包括"头"部分（英语：Head）和"主体"部分（英语：Body），其中"头"部分提供关于网页的信息，"主体"部分提供网页的具体内容，如图 4-2-4 所示。

```
<html>
<head>
<meta http-equiv="Content-Type" content="text/html; charset=utf-8" />
</head>
<body>
<p>妖精的口袋P东瀛有佳人夏女</p>
<p>2016欧美中袖民族风印花连衣裙</p>
</body>
</html>
```

图 4-2-4

HTML 是超文本标记语言(Hyper Text Markup Language)，它不是一种编程语言，而是一种标记语言，是一种使用标记标签来描述网页的语言。网页的本质就是 HTML，它是 Web 编程的基础，也就是说，万维网是建立在超文本基础上的。标准的 HTML 文件具有一个基本的整体结构，即 HTML 文件的开头、结尾标志和 HTML 的头部与实体 2 大部分。

HTML 文档包含 HTML 标签和纯文本，也被称为网页。

Web 浏览器的作用是读取 HTML 文档，并以网页的形式显示它们。浏览器不显示 HTML 标签，而使用标签来解释页面的内容：

HTML 标签构成及注意事项：

① HTML 标签是用尖括号包围的关键词，如<html>。

② HTML 标签通常成对出现，比如<p>和</p>；某些 HTML 元素没有结束标签，比如<img>。

③ HTML 标签由开始标签和结束标签组成。这一对标签中的第一个是开始标签，第二个是结束标签。

④ 开始和结束标签也被称为开放标签和闭合标签。

⑤ 在保证嵌套关系正确的前提下，换行和空格对代码的正确性没有任何影响。双标签嵌套的正确写法：
<p><div>内容</div></p>；错误写法：<p><div>内容</p></div>。

四、常用的 HTML 标签

<html>标签定义整个 HTML 文档

<body>标签定义 HTML 文档的主体。

<h1> - <h6>等标签定义 HTML 标题（Heading）。

<p>标签定义 HTML 文档中的一个段落。

<a>标签定义 HTML 链接。

<img>标签定义 HTML 图像。

HTML 文件以.htm 或.html 为扩展名。可以使用任何能够生成 TXT 类型源文件的文本编辑软件来产生 HTML 文件，例如记事本、写字板，还有 DW 编辑器等，如图 4-2-5 所示。

图 4-2-5

HTML 语言在淘宝店铺装修中主要用于两个方面：一是编辑自定义内容区，二是制作与修改宝贝详情页（宝贝描述）。这两个方面也是淘宝装修中的重点。

在淘宝网店的装修过程中，对 HTML 语言做了一些调整，所以不能将 HTML 源代码全部放入淘宝网编辑区域中。

五、HTML 元素

HTML 文档是由 HTML 元素定义的。HTML 元素指的是从开始标签到结束标签的所有代码，如表 4-2-1 所示。

表 4-2-1

开始标签	元素内容	结束标签
<p>	淘宝美工店铺装修	</p>
<a href=" default.htm" >	HTML 代码在店铺中修中的应用	</a>

使用 HTML 元素注意事项：

① HTML 元素以开始标签起始，以结束标签终止，大多数 HTML 元素可以嵌套，如图 4-2-6 所示。

```
<div class="menu-bd">
    <div class="menu-bd-panel" id="myTaobaoPanel">
        <a href="//trade.taobao.com/trade/itemlist/list_bought_items.htm?t=20110530"
            target="_top" rel="nofollow">已买到的宝贝</a>
        <a href="//trade.taobao.com/trade/itemlist/list_sold_items.htm?t=20110530"
            target="_top" rel="nofollow">已卖出的宝贝</a>
    </div>
</div>
```

图 4-2-6

② 元素的内容是开始标签与结束标签之间的内容。

③ 某些 HTML 元素具有空内容（empty content），没有内容的 HTML 元素被称为空元素，例如
就是没有关闭标签的空元素（
标签定义换行），空元素在开始标签中关闭（以开始标签的结束而结束）。

大多数 HTML 元素拥有属性。属性总是以名称/值对的形式出现，比如：name="value"。

大多数 HTML 元素可以嵌套（可以包含其他 HTML 元素）。HTML 文档由嵌套的 HTML 元素构成。请读者思考，图 4-2-6 中分别有哪些元素及元素内容？

HTML 标签可以拥有属性，属性总是以名称/值对的形式出现，比如：name="value"。它总是在 HTML 元素的开始标签中规定。如图 4-2-7 所示。

```
<li class="sn-seller-center hidden j_SellerCenter">
    <a target="_top" href="//mai.taobao.com/seller_admin.htm">商家中心</a>
</li>
```

图 4-2-7

HTML 链接由<a>标签定义。链接的地址在 href 属性中指定 Target 属性，定义被链接的文档在何处显示。例如<body bgcolor="yellow"></body>，<body>定义 HTML 文档的主体，在 bgcolor 属性中定义背景颜色。

使用 HTML 属性注意事项：

① 使用小写字母表示属性，即使属性和属性值对大小写不敏感。

② 始终为属性值加引号。双引号是最常用的，不过使用单引号也没有问题。

表 4-2-2 列出了适用于大多数 HTML 元素的属性。

表 4-2-2

属性	值	描述
class	classname	规定元素的类名（classname）
id	id	规定元素的唯一 id
style	style_definition	规定元素的行内样式（inline style）
title	text	规定元素的额外信息（可在工具提示中显示）

六、HTML 样式

style 属性用于改变 HTML 元素的样式。如：字体、字号、颜色、图片尺寸等。

style 属性的作用　提供了一种改变所有 HTML 元素样式的通用方法。使用 style 属性能直接将样式添加到 HTML 元素，或者间接地在独立的样式表中（CSS 文件）进行定义，如图 4-2-8 所示。

```
<h1 style="font-family:'黑体'">休 闲 女 装</h1>
<p style="color:red;font-size:20px;">欧美夏季女T恤</p>
```

图 4-2-8

后面将在 CSS 教程中学习关于样式和 CSS 的所有知识。

注释用来解释代码，可以随意编辑，浏览器会忽略它。CSS 注释以"/*"开始，以"*/"结束，如图 4-2-9 所示。

```
/*This is a comment*/
p
{
text-align:center;
/*This is another comment*/
color:red;
font-family:arial;
}
```

图 4-2-9

> **实训任务**

根据自己的理解，规划一下自己的店铺，并对各个展位进行详细说明。

4-3　CSS 详解

淘宝店铺装修过程中用文本描述宝贝时，经常需要突出或淡化某些内容，放大或缩小字体，这就需要修改文本的属性，在 DW 中可以用 CSS 层叠样式属性更改文本属性。样式通常存储在样式表中。有三种 CSS 的样式表：外部样式表、内部样式表（位于 <head> 标签内部）、内联样式（在 HTML 元素内部）。淘宝装修中只能使用内联样式。

4-3-1　淘宝后台 CSS 背景属性

内联样式（在 HTML 元素内部）拥有最高的优先权，在淘宝装修中应用内联样式，如图 4-3-1 所示。

```
<p style="color:red; font-size:18px;">欧式酒瓶架红酒架摆件</p>
```

图 4-3-1

注意：在 HTML 标签中 CSS 样式必须写在 style="" 的双引号中，各个属性间要用分号（;）隔开。

在淘宝装修中，经常用背景做装饰。CSS 允许应用纯色做背景，也允许使用背景图像创建相当复杂的效果。

一、背景色

可以使用 background-color 属性为元素设置背景色。这个属性接受任何合法的颜色值。也可以为所有元素设置背景色，包括 body 一直到 em 和 a 等行内元素，如图 4-3-2 所示。

```
<p style="background-color: #00ff00; padding: 10px;">欧式酒瓶架红酒架摆件</p>
```

图 4-3-2

background-color 的默认值是 transparent。transparent 有"透明"之意。也就是说，如果一个元素没有指定背景色，那么背景就是透明的，这样其祖先元素的背景才能可见，如图 4-3-3 所示。

欧式酒瓶架红酒架摆件

图 4-3-3

如果希望背景色从元素中的文本向外稍有延伸，只需增加一些 padding 内边距值。

二、背景图像

要把图像放入背景，需使用 background-image 属性。background-image 属性默认值是 none，表示背景上没有任何图像。如果需要设置一个背景图像，必须为这个属性设置一个 URL 值。

大多数背景都应用到 body 元素，不过有时也会运用到文档的其他部分，如为一个段落或行内元素设置背景图像等，如图 4-3-4 所示。

```
<p style=" background-image:url(/img/bg_04.gif)">西碧秘园
  <a href="#" style=" background-image:url(/img/bg_04.png)">现代简约酒柜</a>
</p>
```

图 4-3-4

三、背景重复

如果要在页面上平铺背景图像，可以使用 background-repeat 属性。

repeat 属性值使图像在水平垂直方向上都平铺。repeat-x 和 repeat-y 分别使图像在水平或垂直方向上重复，no-repeat 则不允许图像在任何方向上平铺，如图 4-3-5 所示。

四、背景关联

在淘宝装修中，如果文档较长，当向下滚动文档时，背景图像也会随之滚动。当滚动到超过图像位置时，图像就会消失。可以通过 background-attachment 属性防止这种滚动。使用这个属性，可以声明图像相对于可视区是固定的（fixed），因此不会受滚动的影响，如图 4-3-5 所示。

```
<p style="background-image:url("/i/eg_bg_05.gif"/;
background-repeat:no-repeat;
background-attachment:fixed;">图像不会滚动</p>
```

图 4-3-5

五、CSS 背景属性

使用 background 简写属性，可以在一个声明中设置所有的背景属性。这时不设置其中某个值，也不会出问题，比如 "background:#ff0000 url('smiley.gif');" 也是允许的。通常建议使用这个属性，而不是分别使用单个属性，如图 4-3-6 所示。

```
<p style="background: #00FF00 url(bgimg.gif) no-repeat fixed top;">图像文本</p>
```

图 4-3-6

4-3-2　淘宝后台 CSS 文本修饰

在淘宝后台装修过程中，可以通过改变文本颜色、字符间距等对文本进行装饰，以便突出重点。

一、文本装饰

text-decoration 有 5 个值：

① none——默认值，表示无装饰。

② underline——对文本加下划线。

③ overline——在文本的顶端画一个上划线。

④ line-through——在文本中间画一个贯穿线，即删除线。

⑤ blink——让文本闪烁。

无装饰的文本是默认的外观，但也不总是这样，例如，超链接在默认情况下有下划线。如果想去掉超链接的下划线，可以使用以下 CSS 来做到这一点，如图 4-3-7 所示。

```
<a href="" style="text-decoration: none;">卓璐雪 2016 新款小猪包</a>
```

图 4-3-7

二、文本方向

在阅读英文时会发现，语句的方向从左到右、从上到下。不过，并不是所有语言都如此，例如古汉语就是从右到左来阅读的，还包括希伯来语和阿拉伯语等。

direction 属性影响块级元素中文本的书写方向、表中列布局的方向、内容水平填充其元素框的方向、两端对齐元素中最后一行的位置。direction 属性有两个值：ltr 和 rtl。默认值是 ltr，显示从左到右的文本。如果要显示从右到左的文本，要使用值 rtl，如图 4-3-8 所示。

```
<div style="direction: rtl">卓璐雪 2016 新款小猪包</div>
<div style="direction: ltr">卓璐雪 2016 新款小猪包 </div>
```

图 4-3-8

注释：对于行内元素，只有当 unicode-bidi 属性设置为 embed 或 bidi-override 时才会应用 direction 属性。

三、文本颜色和背景色

color 属性用来规定文本的颜色，background-color 用来设置文本的背景色，如图 4-3-9 所示。

```
<p style="background-color:#F00">卓璐雪 2016 新款小猪包</p>
<p style="color:#FF0">卓璐雪 2016 新款小猪包</p>
```

卓璐雪2016新款小猪包

卓璐雪2016新款小猪包

图 4-3-9

四、CSS 文本属性

CSS 文本属性用来定义文本的外观。通过文本属性，可以改变文本的颜色、字符间距、对齐方式、文本装饰、对文本缩进等，如表 4-3-1 所示。

表 4-3-1

属性	描述	属性	描述
color	设置文本颜色	text-indent	缩进元素中文本的首行
direction	设置文本方向	text-shadow	设置文本阴影
line-height	设置行高	text-transform	控制元素中的字母
letter-spacing	设置字符间距	unicode-bidi	设置文本方向
text-align	对齐元素中的文本	white-space	设置元素中空白的处理方式
text-decoration	向文本添加修饰	word-spacing	设置字间距

4-3-3 淘宝装修字体应用

CSS 字体属性用来定义文本的字体系列、大小、加粗、风格（如斜体）和变形（如小型大写字母）。这也是淘宝装修中最常用的字体属性。

一、字体系列

在 CSS 中，有两种不同类型的字体系列名称：

字体系列 1——拥有相似外观的字体系统组合（如 Serif 或 Monospace）。

字体系列 2——具体的字体系列（如 Times 或 Courier）。

使用 font-family 属性定义文本的字体系列，如图 4-3-10 所示。

```
<p style="font-family: Verdana;">Times New Roman </p>
<p style="font-family: Verdana, Geneva, sans-serif;">Times New Roman </p>
<p style="font-family: Times, 'New York', serif;">Times New Roman </p>
<p style="font-family:'汉鼎简行楷', '黑体';">卓璐雪2016新款小猪包 </p>
```

Times New Roman

Times New Roman

Times New Roman

卓璐雪2016**新款小猪包**

图 4-3-10

如果设置 Verdana 字体，这样的规则会产生另外一个问题，如果用户代理上没有安装 Verdana 字体，就只能使用用户代理的默认字体来显示<p>元素。可以通过结合特定字体名和通用字体系列来解决这个问题。

可以为给定的元素指定一系列类似的字体。要做到这一点，需要按优先顺序排列这些字体，然后用逗号进行连接。根据这个列表，用户代理会按所列的顺序查找这些字体。如果列出的所有字体都不可用，就会简单地选择一种可用的 serif 字体。

上面的例子中，有的字体名用单引号括起。只有当字体名中有一个或多个空格（比如 New York），或者字体名中包括#或$之类的符号，才需要在 font-family 声明中加引号。中文字体名要加单引号。

二、字体风格

font-style 属性常用于规定字体风格。该属性有三个值：

① normal——正常显示。

② italic——斜体显示。

③ oblique——倾斜显示。

italic 和 oblique 的区别：

斜体（italic）是一种简单的字体风格，对每个字母的结构有一些小改动，反映变化的外观；倾斜（oblique）文本则是正常竖直文本的一个倾斜版本。通常情况下，italic 和 oblique 文本在 Web 浏览器中看上去完全一样，如图 4-3-11 所示。

```
<p style="font-style:normal;">双十一特惠</p>
<p style="font-style:italic;">双十一特惠</p>
<p style="font-style:oblique;">双十一特惠</p>
```

双十一特惠

双十一特惠

双十一特惠

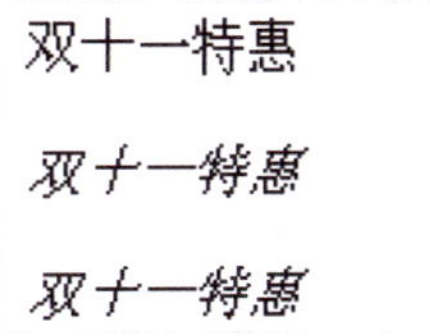

图 4-3-11

三、字体大小

font-size 属性用来设置文本的大小。font-size 值可以是绝对值或相对值。注意：如果未规定字体大小，普通文本（比如段落）的默认大小是 16 像素。

通过像素设置文本大小，可以对文本大小进行完全控制。

1em 等于当前的字体尺寸。如果一个元素的 font-size 为 16 像素，对于该元素，1em 就等于 16 像素。在设置字体大小时，em 的值会相对于父元素的字体大小改变。

浏览器中默认的文本大小是 16 像素。因此 1em 的默认尺寸是 16 像素。可以使用公式 pixels/16=em 将像素转换为 em（注：16 是父元素的默认字体大小，假设父元素的 font-size 为 20px，那么公式需改为：pixels/20=em），如图 4-3-12 所示。

```
<p style="font-size:60px;">女装专区</p>
<p style="font-size:3.75em;">女装专区</p><!-- 60px/16=3.75em -->
<p style="font-size:14px;">女装专区</p>
<p style="font-size:0.875em;">女装专区</p><!-- 14px/16=0.875em -->
```

图 4-3-12

四、字体粗细

font-weight 属性用来设置文本的粗细。使用 bold 关键字可以将文本设置为粗体。

关键字 100～900 为字体指定了 9 级加粗度。100 对应最细的字体变形，900 对应最粗的字体变形。400 等价于 normal，而 700 等价于 bold，如图 4-3-13 所示。

```
<p style="font-weight:normal;">夏男士T恤</p>
<p style="font-weight:bold;">夏男士T恤</p>
<p style="font-weight:900;">夏男士T恤</p>
```

夏男士T恤

夏男士T恤

夏男士T恤

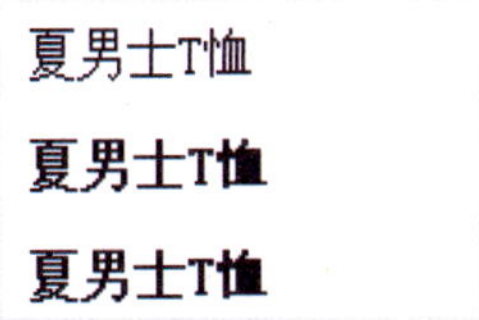

图 4-3-13

五、font 属性

使用 font 简写属性可以在一个声明中设置所有字体属性。此属性有第六个值："line-height"，用来设置行间距。这个简写属性用于一次设置元素字体的两个或更多方面。可以不设置其中的某个值，比如 "font:100% Verdana;" 也是允许的，未设置的属性会使用其默认值，如图 4-3-14 所示。

```
<p style="font:italic bold 12px/30px arial,sans-serif;">折扣促销</p>
```

图 4-3-14

4-3-4 淘宝装修表格属性

使用 CSS 表格属性可以极大地改善表格的外观。在淘宝装修中常用的表格属性主要有表格的宽度、高度、对齐方式、表格颜色等。

一、表格边框

在 CSS 中设置表格边框，要使用 border 属性。下面的例子为 table、tr 以及 td 设置了红色边框，如图 4-3-15 所示。

```
<table style="border: 2px solid red;">
  <tr >
    <td style="border: 2px solid red;"> </td>
    <td style="border: 2px solid red;"> </td>
    <td style="border: 2px solid red;"> </td>
  </tr>

</table>
```

图 4-3-15

注：上例中的表格具有双线条边框。这是由于 table、th 以及 td 元素都有独立的边框。如果把表格显示为单线条边框，需要使用 border-collapse 属性，border-collapse 属性设置表格边框是否被合并为一个单一的边框，还是像在标准的 HTML 中那样分开显示。

二、表格宽度和高度

通过 width 和 height 属性可以定义表格的宽度和高度。下面的例子将表格宽度设置为 950px，同时将 tr 元素的高度设置为 100px，如图 4-3-16 所示。

```
<table style="border-collapse: 2px solid red;
              border-collapse:collapse; width:950px">
  <tr height="100px">
    <td style="border: 2px solid red;"> </td>
    <td style="border: 2px solid red;"> </td>
    <td style="border: 2px solid red;"> </td>
  </tr>

</table>
```

图 4-3-16

三、表格文本对齐方式

text-align 属性用来设置表格中文本水平对齐方式，如左对齐、右对齐或者居中；vertical-align 属性用来设置垂直对齐方式，如顶部对齐、底部对齐或居中对齐，如图 4-3-17 和图 4-3-18 所示。

```
<table style="border-collapse: 2px solid red;
              border-collapse:collapse; width:750px">
  <tr style="height:50px;text-align:right ;" >
    <td style="border: 2px solid red;">颜色分类：灰色 绿色</td>
    <td style="border: 2px solid red;">尺码：L M</td>
    <td style="border: 2px solid red;">上市年份季节：2016年夏季</td>
  </tr>

  <tr style="height:50px;text-align:right;vertical-align:bottom ;">
    <td style="border: 2px solid red;">适用年龄：25-35周岁</td>
    <td style="border: 2px solid red;">颜色：灰色 咸菜绿</td>
    <td style="border: 2px solid red;">面料：蕾丝+针织</td>
  </tr>
</table>
```

图 4-3-17

颜色分类：灰色 绿色	尺码：L M	上市年份季节：2016年夏季
适用年龄：25-35周岁	颜色：灰色 咸菜绿	面料：蕾丝+针织

图 4-3-18

四、表格内边距

为 td 和 tr 元素设置 padding 属性，可以控制表格中内容与边框的距离，如图 4-3-19 所示。

```
<table style="border-collapse: 2px solid red;
              border-collapse:collapse; width:500px">
  <tr style="height:50px;text-align:right ;" >
    <td style="border: 2px solid red;padding:15px;">颜色分类：灰色 绿色</td>
    <td style="border: 2px solid red;">尺码：L M</td>
  </tr>

  <tr style="height:50px;text-align:right ;vertical-align:bottom ;">
    <td style="border: 2px solid red;">适用年龄：25-35周岁</td>
    <td style="border: 2px solid red;padding:15px;">颜色：灰色 咸菜绿</td>

  </tr>
</table>
```

颜色分类：灰色 绿色	尺码：L M
适用年龄：25-35周岁	颜色：灰色 咸菜绿

图 4-3-19

五、表格颜色

在淘宝装修中经常需要设置表格背景色和单元格背景色。下面的例子为设置边框的颜色以及 th 元素的文本和背景颜色，如图 4-3-20 所示。

```
<table style=" border-collapse:collapse ; width:500px; background-color:#EAEAEA">
  <tr style="height:30px;text-align:right ;" >
    <td style="border: 2px solid black;
               background-color:#CCC; color:#FFF">颜色分类：灰色 绿色</td>
    <td style="border: 2px solid black;">尺码：L M</td>
  </tr>

  <tr style="height:30px;vertical-align:bottom ;">
    <td style="border: 2px solid black;">适用年龄：25-35周岁</td>
    <td style="border: 2px solid black;">颜色：灰色 咸菜绿</td>

  </tr>
</table>
```

颜色分类：灰色 绿色	尺码：L M
适用年龄：25-35周岁	颜色：灰色 咸菜绿

图 4-3-20

实训任务

淘宝店铺装修过程中用文本描述宝贝时，经常需要突出或淡化某些内容，放大或缩小字体，根据所学知识，对店铺文字使用 CSS 文本属性进行设置。

4-4　HTML 详解

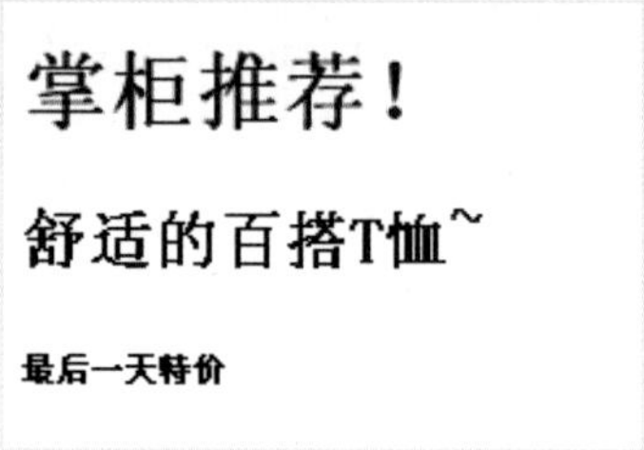

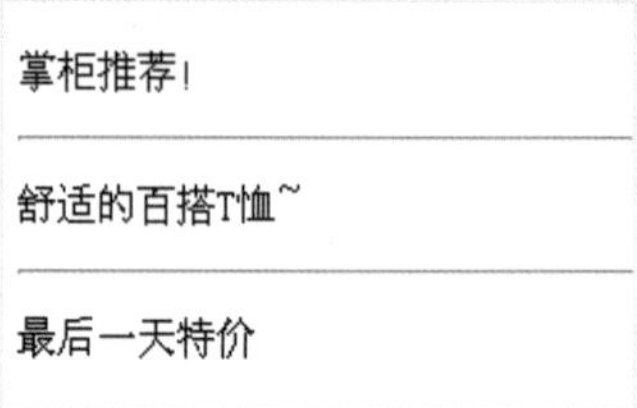

在淘宝店铺装修过程中不仅要创建文本描述宝贝，更需要大量超链接及图片，在淘宝网站中超链接和图片一般一起运用。几乎在所有的淘宝网页中都有图片链接，点击图片链接可以从一个页面跳转到另一个页面。而淘宝网店装修区的图像和文本一般在表格中编辑。这就需要掌握 HTML 中相关的标签，如 <p>、<img>、<a>、<table> 等。

4-4-1　淘宝后台文本编辑

一、HTML 标题

标题（Heading）通过 <h1>— <h6> 等标签定义。<h1> 定义最大的标题，<h6> 定义最小的标题。浏览器会自动在标题的前后添加空行。默认情况下，HTML 会自动在块级元素前后添加一个额外的空行，比如段落、标题元素前后，如图 4-4-1 所示。

```
<h1>掌柜推荐！</h1>
<h2>舒适的百搭T恤~</h2>
<h6>最后一天特价</h6>
```

掌柜推荐！

舒适的百搭T恤~

最后一天特价

图 4-4-1

注意：要确保将 HTML 标题标签只用于标题。不要仅仅是为了产生粗体或大号的文本而使用标题。应该将 h1 用作主标题（最重要的），其后是 h2（次重要的），再其次是 h3，依次类推。

HTML 水平线：<hr /> 标签在 HTML 页面中创建水平线。可以使用水平线分隔文章中的小节，如图 4-4-2 所示。

```
<p>掌柜推荐！</p>
<hr />
<p>舒适的百搭T恤~</p>
<hr />
<p>最后一天特价</p>
```

掌柜推荐!
_____
舒适的百搭T恤~
_____
最后一天特价

图 4-4-2

二、HTML 段落

HTML 文档可以分割为若干段落。段落通过 <p> 标签定义，<p> 是块级元素。浏览器会自动地在标题的前后添加空行，如图 4-4-3 所示。

```
<p>欧美夏季纯色圆领休闲女装</p>
<p>竹节棉：<br/>是全棉面料的一种最新颖的织造工艺。</p>
```

欧美夏季纯色圆领休闲女装

竹节棉：
是全棉面料的一种最新颖的织造工艺。 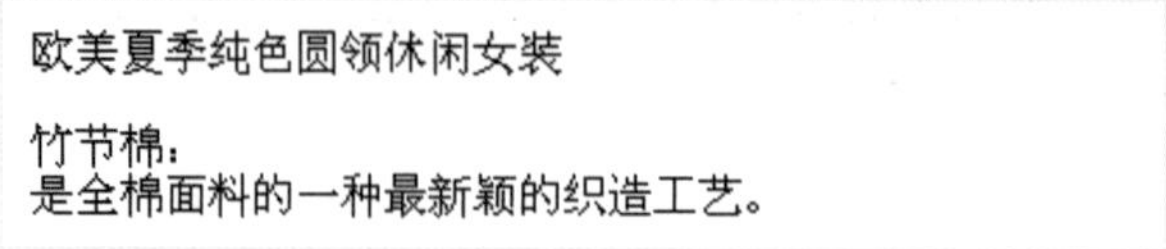

图 4-4-3

空行用
 标签表示。
 元素是一个空 HTML 元素，它没有结束标签。如果想在不产生一个新段落的情况下换行（新行），可以使用
 标签。虽然空的段落标记 <p></p> 也可以插入一个空行，但是不要这样使用。

注意：当显示页面时，浏览器会移除源代码中多余的空格和空行。所有连续的空格或空行都会被算作一个空格。需要注意的是，HTML 代码中的所有连续的空行（换行）也被显示为一个空格，如图 4-4-4 所示。

```
<p>
剪不断，理还乱，是离愁。

别是一般滋味，在心头。
</p>
```

剪不断，理还乱，是离愁。　别是一般滋味，在心头。

图 4-4-4

三、HTML 格式化

使用 HTML 可定义很多供格式化输出的元素，比如粗体和斜体字、缩写等，如表 4-4-1 所示。

表 4-4-1

标签	描述	标签	描述
\<strong\>	定义加重语气	\<b\>	定义粗体字
\<em\>	定义着重文字	\<i\>	定义斜体字
\<big\>	定义大号字	\<small\>	定义小号字
\<sub\>	定义下标字	\<sup\>	定义上标字
\<ins\>	定义插入字	\<del\>	定义删除字

通常用\<strong\>标签替换\<b\>加粗标签,用\<em\>标签替换\<i\>标签。然而，这些标签的含义不同：\<b\>与\<i\>定义粗体或斜体文本；\<strong\>或者\<em\>意味着要呈现的文本很重要，所以要突出显示。

4-4-2　淘宝后台相关 HTML 链接

几乎可以在所有的网页中找到超链接，超链接可以是一个字、一个词，或者一组词、一句话，也可以是一幅图像。在淘宝界面，当把鼠标指针移动到网页中的某个超链接上时，指针变为一只小手 ，此时点击鼠标，可以跳转到新的文档或者当前文档中的某个部分。

HTML 通过使用\<a\>标签创建超链接，\<a\>标签定义锚，有两种使用\<a\>标签的方式。

一、href 属性

href 属性创建指向另一个文档的超链接，它描述超链接的地址，代码很简单：\<a href="url"\>Link text\</a\>。

使用 target 属性,可以定义被链接的文档在何处显示。下面示例中的超链接将在新窗口中打开文档,如图 4-4-5 所示。

```
<a href="//1159889.taobao.com" >清秀春天 时尚女装</a>
<a href="//1.taobao.com"  target="_blank"><img src="imges.jpg" ></a>
```

图 4-4-5

二、name 属性

name 属性规定锚的名称，用来创建 HTML 内部的书签。它对读者是不可见的。当使用命名锚时，可以创建直接跳至页面中某个节的链接，这样使用者就无需不停地滚动页面来寻找需要的信息。锚的名称可以是任何喜欢的名字。命名锚的语法：<a name="label">Text to be displayed</a>，如图 4-4-6 所示。

```
<p><a href="#tips">时尚女装</a></p>
<p><a href="#32381">流行服饰</a></p>
<p><a href="https://www.taobao.com/#doto321">
天猫电器</a></p>
```
2.然后，创建指向同文章中相关的链接；或
创建从另一个页面指向该文章中相关的链接

```
<p><a name="tips">时尚女装介绍</a></p>
<p><a name="32381">流行服饰推荐</a></p>
```
1.HTML文章内部的已命名的锚

图 4-4-6

注：在上面的代码中，将#符号和锚名称添加到 URL 的末端，就可以直接链接到相关的命名锚。

4-4-3 如何插入淘宝图像

淘宝网站上，图像占很大比重，因此图像的插入与链接尤为重要。使用 HTML，可以在文档中显示图像。

一、插入图像

在 HTML 中，图像由<img>标签定义。<img>是空标签，意思是说，它只包含属性，并且没有闭合标签。图像可以是 GIF、PNG、JPG 等格式。

在页面上显示图像，需要使用源属性（src）。源属性的值是图像的 URL（存储图像的位置）地址。语法是：<img src="url">，如图 4-4-7 所示。

```
<img src="images/xinlang.png">
<img src="images/weibo.png" alt="联想笔记本">
<img src="http://www.taobao.com.cn/images/bao.gif" >
<img src="pulpit.jpg" alt="小米手机" width="304" height="228">
```

图 4-4-7

alt 属性用来为图像定义一串预备的可替换的文本。在浏览器无法载入图像时，浏览器将显示这个替代性的文本而不是图像。在淘宝店铺装修过程中，为页面上的图像加上替换文本属性是个好习惯，这样有助于更好地显示信息，告诉买家丢失的是什么图片信息。

改变<img>标签的"height"和"width"属性值，可以放大或缩小图像。默认的单位是像素。如果只定义宽度或高度，图片将会同比例缩放显示；如果宽高都定义，将会按照定义的宽高尺寸显示图像。如图 4-4-8 所示。

```
<img src="images/jinxiuxian.jpg"    >
<br/>
<img src="images/jinxiuxian.jpg" width="100" >
<br />
<img src="images/jinxiuxian.jpg" height="200" >
<br />
<img src="images/jinxiuxian.jpg" width="100" height="50" >
```

图 4-4-8

2. 图像链接

在淘宝界面，可以通过点击图片跳转到新的文档或者当前文档中的某个部分。一般情况下，淘宝网站上的图片超链接指向宝贝详情页。

HTML 使用标签 <a>来设置超文本链接。href 属性描述了链接的目标。使用 target 属性，你可以定义被链接的文档在何处显示。链接的 HTML 代码很简单：<a href="url"><img src="url"></a>，如图 4-4-9 所示。

```
<a href="//1159889.taobao.com" >清秀春天 时尚女装</a>
<a href="//1.taobao.com"  target="_blank"><img src="imges.jpg" ></a>
```

图 4-4-9

图像链接地址可以是本地电脑上的一个地址，也可以是图片空间中的图片地址，简称网络地址。如果在淘宝编辑器中运行，必须是网络地址，如图 4-4-10 所示，否则淘宝网站上不能显示图片。

图 4-4-10

4-4-4　淘宝后台表格

淘宝装修区中所有的文字内容和图片内容一般都用表格按行和列显示，表格是淘宝装修区中要重点掌握的内容，所以必须精通表格的设计。

一、认识表格标签及属性

表格由<table>标签定义。每个表格有若干行，行由<tr>标签定义。每行被分割为若干单元格，由<td>标签定义。字母 td 指表格数据（table data），即数据单元格的内容。数据单元格可以包含文本、图片、列表、段落、表单、水平线、表格等。主要标签有：

定义一个表格：<table></table>。

定义表格的行：<tr></tr>。

定义表格的单元格：<td></td>。

定义表格的边框属性：<border>。

插入一个两行三列的表格的实例，如图 4-4-11 所示。

```
<table width="300" border="1" cellspacing="0" cellpadding="0">
  <tr>
    <td>1</td>
    <td>2</td>
    <td>3</td>
  </tr>
  <tr>
    <td> </td>
    <td>4</td>
    <td></td>
  </tr>
</table>
```

1	2	3
	4	

图 4-4-11

注：如果不定义边框属性，表格将不显示边框。空的单元格不显示边框（不过 Mozilla Firefox 可以将整个边框显示出来）。为了避免这种情况，在空单元格中应添加一个空格占位符（ ），将边框显示出来。Cellpadding 用来创建单元格内容与其边框之间的空白。Cellspacing 是增加单元格之间的距离。

表格的表头使用<th>标签进行定义，大多数浏览器会把表头显示为粗体居中的文本，如图 4-4-12 所示。

图 4-4-12

在淘宝网的两个装修区内，最常用的关于表格的标签是：表格标签、行标签及列标签。需要掌握其行高和列宽属性以及如何选定单元格或行。

二、高级表格的制作

这里说的高级表格主要指表格中套表格的复式表格。制作这一类表格，主要涉及跨多行和多列的表项，用于淘宝网首页的表格大多数是此类复杂的表格。

这类表格需要用"插入表格"的方式制作，而不能用"拆分单元格"或"插入行、插入列"的方式实现。对于这类表格只要掌握以上讲的表格的三个最基本的标签就可以了，如图 4-4-13 所示。

图 4-4-13

colspan 是表格标签<table>里面<td>标签的标签属性,用来设置当前单元格跨的列数。

rowspan 通常用在 td 与 th 标签中,用来规定当前单元格跨的行数。

Align 属性定义水平对齐方式,既可以定义文本在整个网页中的水平位置也可以定义文本或图像在表格中的水平位置。

三、如何在表格中插入图像

在淘宝装修区域中,经常需要在表格中插入图像,图像一般都带有超链接。网店装修过程中,插入的图像的地址必须为网络地址而不是本地地址,如图 4-4-14 所示。

```
<table width="650" border="0" cellspacing="0" cellpadding="0">

 <tr>
    <td><img src="file:///C|/Documents and Settings/Administrator/桌面/01图
片/53b1000PIC8c.jpg" width="650" height="265" /></td>
 </tr>
 <tr>
    <td><a href="http://www.taobao.com/"><img
src="http://img.hb.aicdn.com/ffc09b7e7596e5c6f1cfafa443257cd8c4c8445934489-
ts10s9_fw658" width="650" /></a></td>
 </tr>
 <tr>
    <td> </td>
 </tr>

</table>
```

图 4-4-14

实训任务

根据所学知识,完成固定背景设计,并上传到店铺后台。

4-5 装修表格代码

在淘宝店铺后台装修过程中几乎离不开表格,通过它定位和插入图片、文字的位置。表格在淘宝店铺装修中比在网站中的应用要频繁。它是淘宝网装修要学习的重点内容。

4-5-1 淘宝后台表格基本操作

在运用表格的时候要学会表格的基本操作,如建立表格、合并拆分单元格、增加或删除行和列,最重要的是表中有表的运用。

1. 新建表格:新建一个 HTML 文档,执行“插入”→“表格”菜单命令(或按 Ctrl+Alt+T 键),建一个 10 行 3 列,宽度为 750px 的表格 如图 4-5-1 所示。

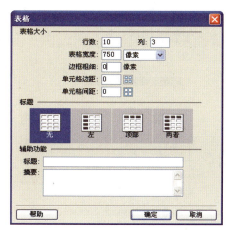

图 4-5-1

2. 合并单元格：选择要合并的单元格，按鼠标右键，执行"表格"→"合并单元格"快捷菜单命令；同样拆分单元格时，选择要拆分的单元格，按鼠标右键，执行"表格"→"拆分单元格"快捷菜单命令，如图 4-5-2 所示。

图 4-5-2

3. 增加或删除行或列。将鼠标指针停在需要增加或删除的行或列的位置，按鼠标右键，执行"表格"→"增加/删除行或列"快捷菜单命令，如图 4-5-3 所示。

图 4-5-3

4. 表中套表：在已合并的单元格上执行"插入"→"表格"菜单命令，重复步骤 1。完成后，在左下角属性栏上面出现两组表格的相关标签，如图 4-5-4 所示。

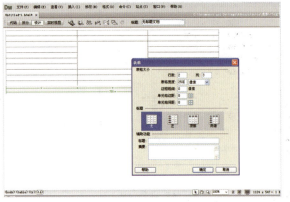 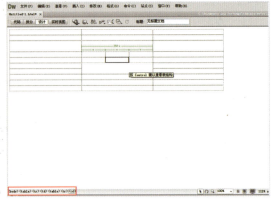

图 4-5-4

5. 在完成表格后，如需更改表格的宽度、高度或链接等，需要将表格属性面板显示出来，方便后续操作，如图 4-5-5 所示。

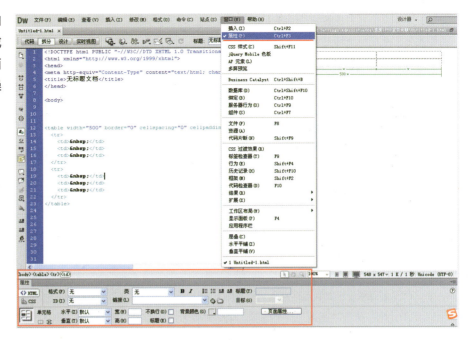

图 4-5-5

4-5-2　淘宝 750 关联图像、文字编辑

在淘宝店铺装修中，经常用宽度为 750 像素的淘宝人气推荐宝贝。

1. 新建一个 HTML 文件，执行"插入"→"表格"菜单命令，插入 4 行 3 列的表格，宽度 750 像素，其他数值为 0，标题选"无"，如图 4-5-6 所示。

图 4-5-6

2. 将奇数行的单元格宽、高都设为 250px，偶数行的单元格高度设为 25px。选中将要设置宽高的单元格，然后选中属性栏的 <td> 标签，设置需要的宽高。只需对第一行的每一个单元格设置宽度，该行其它单元格自动继承它的宽度。对高度，只需在第一列的每个单元格设置，该列其它单元格，自动继承它的高度，如图 4-5-7 所示。

```
<table width="750" border="0" cellspacing="0" cellpadding="0">
  <tr>
    <td width="250" height="250" > </td>
    <td width="250"> </td>
    <td width="250"> </td>
  </tr>
  <tr>
    <td height="25"> </td>
    <td> </td>
    <td> </td>
  </tr>
  <tr>
    <td height="250"> </td>
    <td> </td>
    <td> </td>
  </tr>
  <tr>
    <td height="25"> </td>
    <td> </td>
    <td> </td>
  </tr>
</table>
```

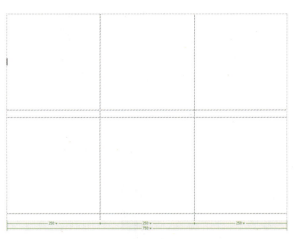

图 4-5-7

3. 在奇数行的每一个单元格插入需要的宝贝图片（先将图片的大小统一改为 250px*250px ）。步骤为：移动光标到指定单元格，执行"插入"→"图像"菜单命令（或按 Ctrl+Alt+I 键），选中需要插入的宝贝图片，如图 4-5-8 所示。

图 4-5-8

4. 为每一张图片制作链接地址。步骤：复制宝贝的超级链接地址，选中宝贝图片，显示表格面板，将地址粘贴到"链接"框中，"目标"框选择"_blank"，"替换"框选择"空"。完成后将图片的地址改为网络地址，如图 4-5-9 所示。

图 4-5-9

5. 在偶数行的每一个单元格内执行"插入"→"表格"菜单命令，打开"表格"对话框，插入 1 行 4 列的表格，宽设置为 250，点击"确定"，即可制作出表中表(为防止与浏览器不兼容，不能用"拆分单元格"的方法)，如图 4-5-10 所示。

图 4-5-10

6. 选中其中一个表中表，设置行高度(<tr>)为 250px，4 列的宽度分别为 60px、60px、60px、70px，如图 4-5-11 所示。

```html
<td><table width="250" border="0" cellspacing="0" cellpadding="0">
  <tr  width="250">
    <td width="60" height="25"> </td>
    <td width="60" height="25"> </td>
    <td width="60" height="25"> </td>
    <td width="70" height="25"> </td>
  </tr>
</table></td>
```

4-5-11

7. 将原价和促销价分别填到相应单元格内，不以图片形式插入价格，是为了方便在后台后期修改。在网站中，只要可以复制或点亮的文字，都应用 DW 编辑完成。淘宝店铺中的热门导航是一种文字分类的设计，它可以被搜索引擎搜索到。为增加宝贝或店铺的搜索率，淘宝装修过程中的文字应尽量用 DW 编写完成，而不要用图片代替，如图 4-5-12 所示。

图 4-5-12

8. 将图片地址改为网络上的图片空间的地址。复制图片网络地址，在"属性"选项卡的"源文件"框中粘贴图片网络地址，如图 4-5-13 所示。

图 4-5-13

4-5-3 在线旺旺 DW 表格设计

旺旺栏目的设计也是用 DW 表格实现的，与设计热门导航栏相似，如图 4-5-14 所示。

图 4-5-14

1. 新建 HTML 文档，执行"插入"→"表格"菜单命令，插入一个 1 行 3 列，宽度 950px，高度 100px 的表格，如图 4-5-15 所示。

```
<table width="950" border="0" cellspacing="0" cellpadding="0">
  <tr>
    <td width="100" height="100"> </td>
    <td width="540"> </td>
    <td width="310"> </td>
  </tr>
</table>
```

图 4-5-15

2. 在图 4-5-15 的第二个单元格中，插入一个新的 3 行 8 列，宽度 540px 的表格，每行的高度平均分配，每一列的宽度自定义，将第三行后四个单元格合并，如图 4-5-16 和图 4-5-17 所示。

```
<tr>
  <td width="140" height="40"> </td>
  <td width="100"> </td>
  <td width="100"> </td>
  <td width="100"> </td>
  <td width="100"> </td>
</tr>
<tr>
```

图 4-5-16

图 4-5-17

3. 将文字放入 4-5-17 建立好的表格中，如图 4-5-18 所示。

售前服务	小李	小云	露露	白溪	店铺公告：欢迎光临本店，祝您在本店购物愉快！本店商品质量保证，请你收到宝贝后，仔细检查无误后，请尽快确认收货。
售后服务	灵犀	月月	小乔		
服务时间	早上8:00至晚上24:00				

图 4-5-18

4. 插入旺旺图片，如图 4-5-19 所示。

	售前服务	小李	小云	露露	白溪	店铺公告：欢迎光临本店，祝您在本店购物愉快！本店商品质量保证，请你收到宝贝后，仔细检查无误后，请尽快确认收货。
	售后服务	灵犀	月月	小乔		
	服务时间	早上8:00至晚上24:00				

图 4-5-19

5. 在客服名称前插入旺旺链接。搜索百度"旺遍天下"，选择图片风格，填写旺旺用户名，点击生成代码，复制代码，粘贴到 DW 文档中客服名字的后面，如图 4-5-20 所示。

```
<tr>
  <td width="140" height="40">售前服务</td>
  <td width="100">小李<a target="_blank" href=
"http://amos.alicdn.com/msg.aw?v=2&uid=zhou5098&site=cnalichn&s=1
0&charset=gbk" ><img border="0" src=
"http://amos.alicdn.com/online.aw?v=2&uid=zhou5098&site=cnalichn&
s=10&charset=UTF-8" alt="点击这里给我发消息" /></a></td>
  <td width="100">小云<a target="_blank" href=
"http://amos.alicdn.com/msg.aw?v=2&uid=zhou5098&site=cnalichn&s=1
0&charset=gbk" ><img border="0" src=
"http://amos.alicdn.com/online.aw?v=2&uid=zhou5098&site=cnalichn&
s=10&charset=UTF-8" alt="点击这里给我发消息" /></a></td>
  <td width="100">露<a target="_blank" href=
"http://amos.alicdn.com/msg.aw?v=2&uid=xizhongweisha&site=cnalich
n&s=10&charset=gbk" ><img border="0" src=
"http://amos.alicdn.com/online.aw?v=2&uid=xizhongweisha&site=cnal
ichn&s=10&charset=UTF-8" alt="点击这里给我发消息" /></a>露</td>
  <td width="100">白溪
  </td>
<tr>
  <td height="40">售后服务</td>
  <td>灵犀</td>
  <td>月月</td>
  <td>小乔</td>
  <td> </td>
  </tr>
<tr>
  <td height="40">服务时间</td>
  <td colspan="4"><p >早上8:00至晚上24:00 </p></td>
```

图 4-5-20

完成后的最终效果图如 4-5-21 所示，然后将用 DW 生成的代码复制到所需的装修编辑区域中。

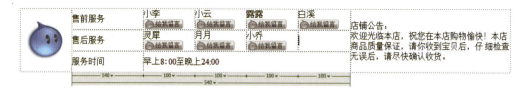

图 4-5-21

4-5-4 淘宝装修中设置背景图片代码

在淘宝店铺装修中，经常会出现不同的主题风格，首页的背景图片也非常重要，淘宝网自带背景图片（店招或背景），但这会受屏数限制，当首页内容过多时，下拉时会出现空白背景。这时需要自己制作并上传背景图片，或改变代码，让自己的店铺更加美观，如图 4-5-21 所示，其中要用到 DW 中 HTML 的背景属性。

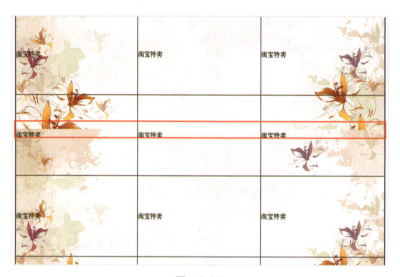

图 4-5-22

1. 新建一个 HTML 文档，执行"插入"→"表格"菜单命令，插入一个 15 行 3 列，宽度 950px 的表格，每个单元格的高度为 150px 像素，如图 4-5-23 所示。

图 4-5-23

2. 在<table>标签中插入背景图片（宽高 950px *1500px），如图 4-5-24 所示。

```
<table  background="../01图片/背景.jpg"
width="950" border="2" cellspacing="0" cellpadding="0">

<tr>
  <td height="150">淘宝特卖</td>
  <td height="150">淘宝特卖</td>
  <td height="150">淘宝特卖</td>
</tr>
<tr>
  <td height="150">淘宝特卖</td>
  <td height="150">淘宝特卖</td>
  <td height="150">淘宝特卖</td>
</tr>
```

图 4-5-24

3. 将背景图片上传到"图片空间"，将图片地址替换为网络空间的地址。

当背景图高度不够时，会默认重复背景，连接的地方会有痕迹，如图 4-5-22 所示；如果不要背景重复，需要用到 no-rereat 背景属性值，这样会出现白色内容。

如果不想让背景重复，可以固定背景，这要用 fixed 背景属性值，这时需要做以下操作：

用 DW 完成背景图片的制作后，复制<body></body>之间的元素内容，放置到淘宝装修所需要的代码位置即可。

> **实训任务**

在淘宝店铺后台装修过程中几乎离不开表格，通过它定位和插入图片、文字的位置，根据所学内容对店铺的后台装修进行规划。

4-6   店招导航与全屏海报，左侧导航 DW 代码

在淘宝店铺后台装修过程中的店招分为静态店招与动态店招。一般静态店招通过热区完成链接，动态店招通过切片和表格完成链接。在淘宝店铺装修中，首页一般会有一张或几张大的促销产品海报，海报在首页的显示也显得尤为重要。

4-6-1   静态店招与导航栏的 DW 基本操作

静态店招，主要由 JPG 图片或 PNG 图片在 DW 中利用热区完成链接。静态店招又分为有导航栏的静态店招和无导航栏的静态店招。

下面介绍一个无导航栏的静态店招的例子。

1. 利用 PS 新建一个文件，宽高 950px*120px，并创建热区链接的按钮，例如"关注"，如图 4-6-1。

图 4-6-1

2. 打开 DW 软件，插入店招图片，利用"多边形热点工具"选中需要链接的热区"关注"，如图 4-6-2 所示。

图 4-6-2

3. 复制粘贴需要链接跳转到的页面地址，目标选择为"_blank"，替换选择为"无"，如图 4-6-3 所示。

图 4-6-3

4. 选中黑箭头，在空白处单击。这样静态店招热区链接就完成了，如图 4-6-4 所示。

图 4-6-4

5. 完成后复制 DW 中的代码，到淘宝装修页面的店招代码编辑位置，点击"发布"，这样在网络上淘宝无导航栏的静态店招就可以用了，如图 4-6-5 所示。

```
<img src="file:///C|/Documents and Settings/Administrator/桌面/06店招
导航与全屏海报DW代码/01图片/店招.jpg" width="950" height="120" usemap
="#Map" border="0" />
<map name="Map" id="Map">
  <area shape="poly" coords=
"135,111,198,111,205,107,207,100,205,95,199,90,135,90,128,94,126,99,1
27,106,134,111,136,111" href="#" />
    <area shape="poly" coords="148,102" href="file:///C:/Documents and
Settings/Adhtm" target="_blank" alt="" />
</map>
```

图 4-6-5

下面继续介绍有导航栏的静态店招制作。

6. 利用 PS 提前制作宽高为 950px*150px 的店招海报，导航栏的高度为 30px，规划好导航栏的一级类目，如图 4-6-6 所示。

图 4-6-6

7. 利用"矩形框"选区，将导航栏和静态店招的热区分别选择出来，并复制粘贴对应的链接地址，重复上面的步骤 2、3、4。设置导航栏的各个类目地址："所有分类""首页""店铺活动""韩京姬蒸汽拖把""无线有线吸尘器""韩国韩京姬床铺除螨仪""原汁机"，如图 4-6-7。

图 4-6-7

8. 全横屏店招的 DW 代码编辑：从已经制作好的 PS 静态店招海报边缘，截取宽高 3px*120px/3px*150px 的图像，并命名为"背景"后保存，如图 4-6-8 所示。

图 4-6-8

9. 点击"店铺装修"→"页头"→"页头背景"→"更换图片"，找到名为"背景"的图片，"背景显示"选择为"横向平铺"，然后保存并发布，如图 4-6-9 所示。

图 4-6-9

4-6-2　全屏海报与店铺背景的 DW 基本操作

在淘宝店铺装修中，首页一般会有一张或几张大的促销海报，分为全屏海报、通栏海报（宽 950px）和小海报（宽 750px）。全屏海报一般放在菜单栏下方（做成全屏通栏海报），宽为 1440px 或 1920px，并且要加上超链接地址，链接到主推产品的详情页。全屏海报主要可分为四类表现形式：单张全屏海报、垂直滚动全屏海报、水平滚动全屏海报、渐隐渐现全屏海报。店铺背景又可分为无缝纹理、两边对称背景、全屏背景固定等显示形式。

一、单张全屏海报 DW 制作

1. 利用 PS 制作好一张宽高 1920px*800px 的全屏海报，主要内容区宽为 950px，高度根据需要自定，然后上传到图片空间，如图 4-6-10 所示。

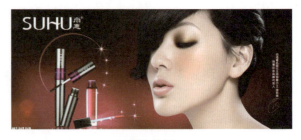

图 4-6-10

2. 用记事本程序打开已给的"单张全屏海报安装代码"文件，如图 4-6-11 所示。

```
单张全屏海报的安装 - 记事本
文件(F) 编辑(E) 格式(O) 查看(V) 帮助(H)
                        'viewSize':[1920],
            'circular': true
        }" data-widget-type="Carousel" class="J_TWidget" style="z-index:10;top:0px;left:-
485px;padding:0px;margin:0px;width:1920px;">
                <div class="J_TWidget" data-widget-config="{'trigger':'.first-trigger2','align':
{'node':'.first-trigger2','offset':[0,0],'points':['cc','cc']}}" data-widget-type="Popup"
style="display:none;">
                                <div class="prev" style="width:90px;float:left;height:90px;">
                        </div>
                                        <div class="next" style="width:90px;height:90px;margin-
left:950px;">
                         </div>
                </div>
                <div style="height:600px;width:1920px;overflow:hidden;padding:0px;margin:0px;"
class="first-trigger2">
                        <ul class="slide-kun1362899830209content"
style="height:600px;width:1920px;padding:0px;margin:0px;">
                  <li style="width:1920px;height:600px;padding:0px;margin:0px;list-style-type:none;">



<!--"链接地址1"--><a target="_blank"  href="http://item.taobao.com/item.htm?spm=a1z10.5.w4002-
2252140679.18.oFBI9M&id=36073193148" style="padding:0px;margin:0px;">
<!--"图片地址1"--><img src="http://img04.taobaocdn.com/imgextra/i4/642854632/T2WclDXqXaXXXXXXXX-
642854632.jpg" width="1920" height="600" border="0px"></a></li>
                  </ul>
      </div>
                <ul class="slide-kun1362899830209triggers"
style="padding:0px;margin:0px;display:none;">
                <li> </li><li> </li><li> </li><li> </li>
        </ul>
</div>
        </div>
</div>
Ln 1, Col 1
```

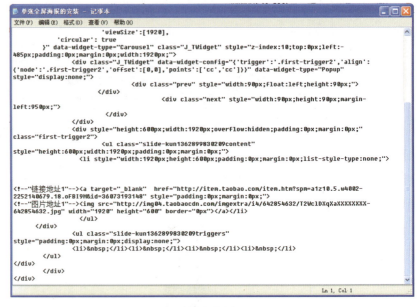

图 4-6-11

3. 将代码中的图片地址替换为已上传的全屏海报的网络地址，并将链接地址更改为图 4-6-12 中的链接地址，其中最重要的是不要忘记更改代码中图片的高度和宽度以适应图片宽高，并保存，如图 4-6-12 所示。

```
单张全屏海报的安装 - 记事本
文件(F) 编辑(E) 格式(O) 查看(V) 帮助(H)
                                <div class="prev" style="width:90px;float:left;height:90px;">
                        </div>
                                        <div class="next" style="width:90px;height:90px;margin-
left:950px;">
                         </div>
                </div>
                <div style="height:600px;width:1920px;overflow:hidden;padding:0px;margin:0px;"
class="first-trigger2">
                        <ul class="slide-kun1362899830209content"
style="height:600px;width:1920px;padding:0px;margin:0px;">
                  <li style="width:1920px;height:600px;padding:0px;margin:0px;list-style-type:none;">


<!--"链接地址1"--><a target="_blank"  href="http://item.taobao.com/item.htm?spm=a1z10.5.w4002-
2252140679.18.oFBI9M&id=36073193148" style="padding:0px;margin:0px;">
<!--"图片地址1"--><img src="http://img04.taobaocdn.com/imgextra/i4/642854632/T2WclDXqXaXXXXXXXX-
642854632.jpg" width="1920" height="800" border="0px"></a></li>
                  </ul>
      </div>
                <ul class="slide-kun1362899830209triggers"
style="padding:0px;margin:0px;display:none;">
                <li> </li><li> </li><li> </li><li> </li>
        </ul>
</div>
        </div>
</div>
Ln 38, Col 38
```

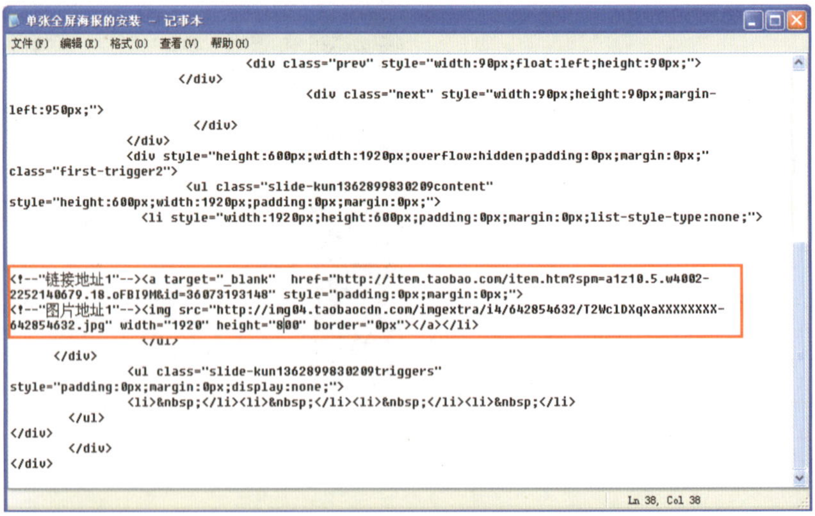

图 4-6-12

4. 打开淘宝装修首页，在店招导航栏下面新建一个"自定义内容区"，复制"单张全屏海报安装代码"的所有代码，粘贴到自定义内容区的代码编辑器中，点击"保存"并发布，如图 4-6-13 所示。

图 4-6-13

二、水平滚动全屏海报 DW 制作

多张全屏海报 DW 制作主要包括垂直滚动全屏海报、水平滚动全屏海报、渐隐渐现全屏海报等，它们的制作方式相似，主要操作是替换源代码中的部分内容（图片宽高、图片地址、链接地址等）。

1. 利用 PS 制作好 4 张宽高 1920px*800px 的全屏海报，高度根据需要自定，然后上传到图片空间，如图 4-6-14 所示。

图 4-6-14

2. 用记事本程序打开已给的"水平滚动全屏海报安装代码"文件，如图 4-6-15 所示。

图 4-6-15

3. 将代码中的所有图片地址替换为已上传的相应的全屏海报图片的网络地址，并将链接地址更改为对应产品详情页的链接地址，其中最重要的是不要忘记更改代码中图片的高度和宽度以适应图片宽高，即高度改为 800px，并保存，如图 4-6-16 所示。

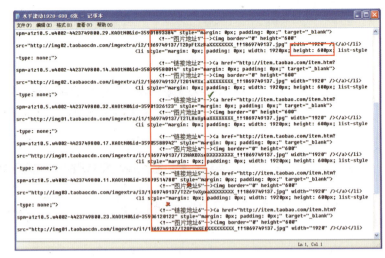

图 4-6-16

4. 打开淘宝装修首页，新建一个"自定义内容区"，复制"水平滚动全屏海报安装代码"的所有代码，粘贴到自定义内容区的代码编辑器中，点击保存并发布，如图 4-6-17 所示。

图 4-6-17

三、店铺背景 DW 代码替换

前面提到过，店铺背景主要分为无缝纹理背景、两边对称背景，全屏固定背景。店铺背景影响淘宝店的整体装修风格。它们主要通过上传已处理好的 PS 背景图片来实现。

操作步骤：执行"店铺装修"→"页面"→"更换图片"（图片大小在 200k 内）菜单命令，选择背景显示方式，如图 4-6-18 所示。

图 4-6-18

4-6-3　淘宝女装左侧导航条设计

在淘宝店铺后台装修过程中，店铺左侧导航栏很重要，下面先用 PS 制作左侧导航栏，切片后再用 DW 代码编辑器完成制作。

1. 在 PS 中利用切片工具 ![切片工具] ，对制作好的左侧导航栏按照分类需要切片，一共切为 5 份，如图 4-6-19 所示。

图 4-6-19

2. 保存切好片的图片文档，执行"文件"→"储存为 web 所用格式"菜单命令，在优化的文件格式中选 JPEG，品质为 100，存储为"HTML 和图像"格式，如图 4-6-20 所示。

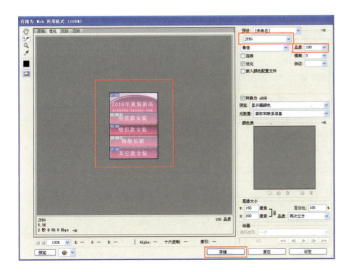 

图 4-6-20

3. 新建 HTML 文档，执行"插入"→"表格"菜单命令，插入 5 行 3 列、宽 150px 的表格，每个单元格的高度根据切片图像进行设置，如图 4-6-21 所示。

```
<table width="150" border="0" cellspacing="0" cellpadding="0">
  <tr>
    <td height="60"> </td>
  </tr>
  <tr>
    <td height="35"> </td>
  </tr>
  <tr>
    <td height="35"> </td>
  </tr>
  <tr>
    <td height="35"> </td>
  </tr>
  <tr>
    <td height="35"> </td>
  </tr>
</table>
```

图 4-6-21

4. 把切好片的图像插入到相应的单元格中，如图 4-6-22 所示。

```
<table width="150" border="0" cellspacing="0" cellpadding="0">
  <tr>
    <td height="60">
      <img src="../01图片/images/DW女装左则导航条设计_01.jpg"
        width="150" height="60" /></td>
  </tr>
  <tr>
    <td height="35">
      <img src="../01图片/images/DW女装左则导航条设计_02.jpg"
        width="150" height="35" /></td>
  </tr>
  <tr>
    <td height="35">
      <img src="../01图片/images/DW女装左则导航条设计_03.jpg"
        width="150" height="35" /></td>
  </tr>
  <tr>
    <td height="35">
      <img src="../01图片/images/DW女装左则导航条设计_04.jpg"
        width="150" height="35" /></td>
  </tr>
  <tr>
    <td height="35">
      <img src="../01图片/images/DW女装左则导航条设计_05.jpg"
        width="150" height="35" /></td>
  </tr>
</table>
```

图 4-6-22

5. 在完成表格后，将图片的地址改为网络地址，如图 4-6-23 所示。

图 4-6-23

6. 对图片设置相应的网络超链接：选中每一张图片，复制粘贴相应的链接网络地址，如图 4-6-24 所示。

```
<table width="150" border="0" cellspacing="0" cellpadding="0">
  <tr>
    <td height="60">
      <a href="http://www.nipic.com/show/4/57/5424410k982f06a5.html">
      <img src="../01图片/images/DW女装左则导航条设计_01.jpg"
        width="150" height="60" /></a>
    </td>
  </tr>
  <tr>
    <td height="35">
      <a href="https://s.taobao.com/search?initiative_id=tbindexz_20160729&amp;
      <img src="../01图片/images/DW女装左则导航条设计_02.jpg"
        width="150" height="35" /></a></td>
  </tr>
  <tr>
    <td height="35">
      <a href="https://detail.tmall.com/item.htm?spm=a230r.1.14.6.KU5Ofy&amp;id
      <img src="../01图片/images/DW女装左则导航条设计_03.jpg"
        width="150" height="35" /></a></td>
  </tr>
  <tr>
    <td height="35">
      <img src="../01图片/images/DW女装左则导航条设计_04.jpg"
        width="150" height="35" /></td>
  </tr>
  <tr>
    <td height="35">
      <img src="../01图片/images/DW女装左则导航条设计_05.jpg"
        width="150" height="35" /></td>
  </tr>
</table>
```

图 4-6-24

7. 在淘宝装修页面首页的左侧适当位置添加一个"自定义内容区"，如图 4-6-25 所示。

图 4-6-25

8. 在"自定义内容区"中点击"编辑"，进入到代码编辑区，将步骤 6 中已完成的代码复制到代码编辑区中并保存，点击"发布"，在淘宝店铺首页中就可以通过点击超链接，跳转到相应的页面中了，现在仅仅在淘宝店铺首页有了左侧导航栏，还需要在默认的宝贝分类页中添加上左侧导航栏，重复步骤三步，这样操作后，就可以链接转换了。

实训任务

根据所学知识，完成固定背景的设计，并上传到店铺后台。

4-7　宝贝详情页 DW 代码

在淘宝店铺装修中，对产品的宝贝描述关系到产品销售的转化率，利用 DW 代码可以更好地展现自己产品详情，也可以提高宝贝的搜索率。宝贝详情页主要由宝贝实拍、宝贝细节、温馨提示、模特介绍、尺寸说明等组成。而详情页框架主要包括宝贝的导航栏、宝贝规格表、宝贝展示等部分。这些都可以用 DW 完成排列并展现到网络上。

4-7-1　宝贝描述模板的制作

宝贝描述模板可以用两种方法制作：一是运用 PS 切片完成，二是利用表格。

一、运用 PS 切片完成宝贝描述模板制作

1. 利用 PS 制作好宝贝描述模板，并用切片工具切片，如图 4-7-1 所示。

图 4-7-1

2. 完成切片后，执行"文件"→"存储为 web 所用格式"菜单命令，选择 JPEG 格式，品质为 100，点击"存储"，如图 4-7-2 所示。

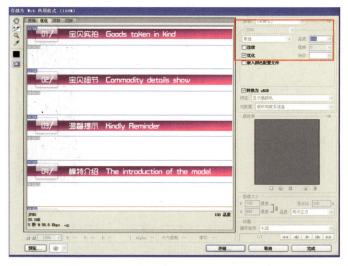

图 4-7-2

3. 在弹出的"将优化结果存储为"对话框中，选择格式为"HTML 和图像"，选择切片为"所有切片"，单击"保存"，如图 4-7-3 所示。

图 4-7-3

4. 将保存好的图片上传到淘宝图片空间，用 DW 编辑器打开.html 文件，替换并复制图片地址，如图 4-7-4 所示。

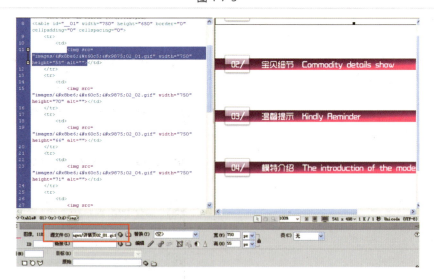

图 4-7-4

完成后复制 DW 中的代码，粘贴到淘宝装修页面的宝贝详情页编辑位置，并上传宝贝其他的图片，插入到相应的位置。

二、运用 DW 表格完成宝贝详情页模板制作

1. 新建一个 HTML 文档，执行"插入"→"表格"菜单命令，插入一个 10 行 1 列，宽为 750px 的表格，如图 4-7-5 所示。

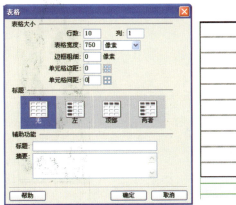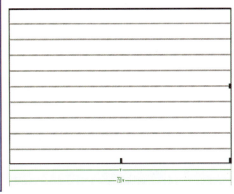

图 4-7-5

2. 将切片保存的图片和宝贝详情页插入到相应的单元格中，如图 4-7-6 所示。

图 4-7-6

3. 对剩余的单元格，根据需要插入图片的数量，插入相应的行列表格，在所有剩余的单元格中，插入 3 行 1 列的表格，如图 4-7-7 所示。

图 4-7-7

4. 将相应的描述宝贝的图片插入到单元格中，并上传到图片空间，获取并更改图片网络地址，如图 4-7-8 所示。

图 4-7-8

4-7-2　用 DW 完成宝贝规格表的设计

在淘宝店铺装修中，设计详情页中宝贝规格表是必不可少的，如图 4-7-9 所示，用 DW 设计宝贝规格表既方便后期修改，也有利于提高宝贝的搜索率。

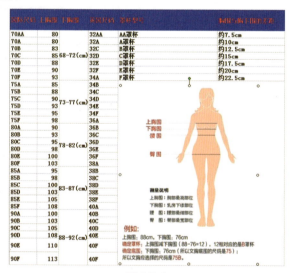

图 4-7-9

1. 插入一个 10 行 5 列，宽 750px 的表格，如图 4-7-10 所示。

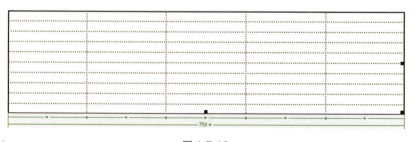

图 4-7-10

2. 合并右下角需要放置图片的单元格,选中需要合并的单元格,右击鼠标,执行"合并单元格"快捷菜单命令,结果如图4-7-11 所示。

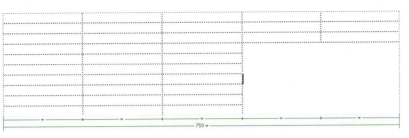

图 4-7-11

3. 插入需要展示的尺寸图片,如图 4-7-12 所示。

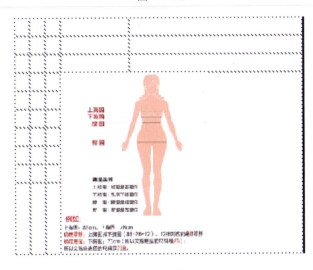

图 4-7-12

4. 在表格内填写宝贝尺寸文字内容,如图 4-7-13 所示。

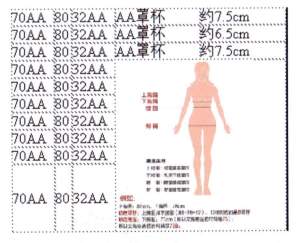

图 4-7-13

这样,宝贝详情页的主要内容就用 DW 代码编写完成了,最后复制代码到宝贝详情页代码编辑区保存并发布。

实训任务

根据所学知识,对淘宝店铺页面进行切片,用 DW 代码进行装修。

产品摄影

一、什么是产品摄影

产品摄影是指针对产品而开展的摄影活动，它是商业摄影的一个种类，产品摄影在激烈的市场竞争中起着重要的作用，其摄影技术也越来越受到重视。因为种种条件限制，企业往往不可能将产品直接展示给每位消费者，这时就不得将这些产品拍照成图片，借助各种媒体使产品走到众多消费者面前。如果在摄影过程中操作不当，可能会使产品图像难看，甚至丧失产品原有的风采，这样会直接影响产品的市场销售。完美设计的产品拍照后的图像相当耐看，而良好的产品摄影技术又会使产品图像锦上添花，所以这两项工作一直都在相互渗透着发展。

二、产品摄影的重要性

产品摄影的力量在于更多地吸引人们的注意力，引起人们对商品的购买欲望，其实用性相当明确。广告摄影的质量标准要根据整个广告推广活动终结时的结果来评价，经济效果和社会效果是检验广告摄影的广告效果的标准。也就是说，对于广告作品评价和预测的根据是广告在商品推销中所起的作用，它始终以市场为基础，以消费者为中心，而不能以个人感受为基础。具体地说，一张广告摄影作品，不管艺术上多么精湛，只要它缺乏"推销"的力量，在进入消费者视觉领域后，即便有足够的审美效果，但是如果无法刺激消费者的具体消费欲望或者激发消费者产生参与激情，就不能算是一个好广告照片。优秀作品所刺激的购买目的性非常明确，也就是具体到商家所指定的某类商品。

如图 5-1-1 和图 5-1-2 所示，看到这样的产品照片，你会选择购买哪个店铺的手链？哪个产品更让你有购买欲望？

图 5-1-1

图 5-1-2

三、图片欣赏

图 5-1-3

5-2 相机

5-2-1   相机简介

1. 卡片相机

在业界内没有明确的概念，小巧的外形、相对较轻的机身以及超薄时尚的设计是衡量此类数码相机的主要标准。索尼 T 系列、卡西欧 Z 系列、奥林巴斯 AZ、和 IXUS105 等都应归于这一领域。

2. 微单相机

"微单"相机定位于一种介于数码单反相机和卡片机之间的跨界产品，其结构最主要特点是没有反光镜和棱镜。"微单"是索尼公司的商标。

3. 长焦相机

拥有长焦镜头的数码相机。镜头的焦距一般用毫米来表示，例如我们常说的 35mm 的镜头，50mm 的标头，135mm 的镜头等。镜头根据它的焦距可以分为广角镜头、标准镜头和长焦镜头等，其实指的是镜头的视角。在 35mm 胶卷里，50mm 镜头的透视程度相当于人眼（但是视野比人眼的视角小得多），将它的放大倍率规定为一，把它称为标头。

4. 单反相机

单镜头反光式取景照相机（Single Lens Reflex Camera，缩写为 SLR camera）简称单反相机。它是用单镜头并通过此镜头反光取景的相机。所谓"单镜头"是指摄影曝光光路和取景光路共用一个镜头，不像旁轴相机或者双反相机那样取景光路有独立镜头。"反光"是指相机内一块平面反光镜将两个光路分开：取景时反光镜落下，将镜头的光线反射到五棱镜，再到取景窗；拍摄时反光镜快速抬起，光线可以照射到感光元件 CMOS 或 CCD 上。

5-2-2   选购合适的机身

所谓**入门级单反相机**和**专业单反相机**，是商家的一种促销概念，是商家为了把数码单反相机普及到大众群体，而生产的一些价位和可操作性能让普通摄影爱好者接受的入门相机，或者说是消费级相机。其实专业相机和入门级相机，拍出来的照片没有太大的差异，也就是说，相机的专业级和入门级是人为划分的，主要是卖点需要，和相机的成像能力没有太大的关系，成像的好坏是由镜头的质量决定的。

专业单反相机和**入门级单反相机**为什么价格上差距如此大呢？

1. 专业单反相机无论是镜头还是机身，用料质地好，这类相机基本都是金属材料做成的，而入门级相机是塑料质地，手感上专业相机沉甸甸的，非专业的相机轻飘飘的，乃至有种手拿玩具相机的感觉。

专业相机既然是金属制成，在成本和制作难度、精密程度上也就高起来了，价位自然要比塑料制品高出好多，但塑料质地的数码单反相机不见得就拍不出好的照片。

2. 专业单反相机有肩屏、五棱镜、双拨轮，有更多的对焦点及更好的测光系统，这是入门单反相机所不及的。

3. 专业单反相机设置上更加前卫。现在看似很流行全副单反相机，让很多有着一定的经济实力的专业摄影者纷纷购买，这类镜头的特点是金属质地，大光圈，而且是恒定光圈，如此一来价格也就节节攀升了，一部高档全副 135 镜头，有的价位高达几万乃至十几万，对于业余爱好者来说，也只能是望机兴叹了。

5-2-3　选购合适的镜头

定焦

定焦镜头（prime lens）特指只有一个固定焦距的镜头，只有一个焦段，或者说只有一个视野。定焦镜头没有变焦功能。定焦镜头的设计相对变焦镜头要简单得多，但一般变焦镜头在变焦过程中对成像会有影响，而定焦镜头相对于变焦镜头的最大好处就是对焦速度快，成像质量稳定。不少拥有定焦镜头的数码相机拍摄的运动物体图像清晰而稳定，对焦非常准确，画面细腻，颗粒感轻微，测光也比较准确。

变焦

变焦镜头是在一定范围内可以变换焦距，从而能得到不同宽窄视场角，不同大小影象和不同景物范围的照相机镜头。变焦镜头在不改变拍摄距离的情况下，可以通过变动焦距来改变拍摄范围，因此有利于画面构图。由于一个变焦镜头可以担当起若干个定焦镜头的作用，外出旅游时不仅减少了携带摄影器材的数量，也节省了更换镜头的时间。

标准

指焦距长度和所摄画幅对角线长度大致相等的摄影镜头。其视角一般为 45°～50°。画面 35 毫米的为 40～60 毫米焦距的镜头，6*6 厘焦距的为 75～80 毫米焦距的镜头，4*5 英寸则是 120～150 毫米。标准镜头通常是指焦距在 40 至 55 毫米之间的摄影镜头，标准镜头所表现景物的透视与目视比较接近。它是所有镜头中最基本的一种摄影镜头。

长焦

长焦距镜头是指比标准镜头焦距长的摄影镜头。长焦距镜头分为普通远摄镜头和超远摄镜头两类。普通远摄镜头的焦距长度接近标准镜头，而超远摄镜头的焦距却远远大于标准镜头。以 135 照相机为例，其镜头焦距是 85 毫米～300 毫米的摄影镜头为普通远摄镜头，300 毫米以上的为超远摄镜头

微距

微距镜头是一种用作微距摄影的特殊镜头，主要用于拍摄十分细微的物体，如花卉及昆虫等。为了对距离极近的被摄物也能正确对焦，微距镜头通常被设计为能够拉伸得更长，以使光学中心尽可能远离感光元件，同时在镜片组的设计上，也必须注重于近距离下的变形与色差等的控制。大多数微距镜头的焦长都大于标准镜头，可以被归类为望远镜头，但是在光学设计上可能不如一般的望远镜头，因此不适用于一般摄影。

5-2-4 配件选择

三脚架

一般消费者在购买数码相机时往往忽视三脚架的重要性，实际上，拍摄照片往往离不开三脚架的帮助，比如星轨拍摄、流水拍摄、夜景拍摄、微距拍摄等。三脚架的作用无论是对于业余用户还是对于专业用户都不可忽视，它的主要作用就是稳定照相机，以达到某种摄影效果。最常见的就是长时间曝光中使用三脚架。用户如果要拍摄夜景或者带涌动轨迹的图片时，需要更长的曝光时间，这个时候，要想让相机不抖动，就需要三脚架的帮助。所以，选择三脚架的第一个要素就是稳定性。

外接闪光灯

1. 经过对目前市场上的一些商务型数码相机测试发现，大部分数码相机只支持本品牌的闪光灯，而使用其它品牌的闪光灯可能出现不同步现象，因此建议用户选择与数码相机相同品牌的闪光灯。

2. 部分数码相机虽然能配其它品牌的闪光灯，但使用时有一定要求。经过测试发现，多触点式闪光灯只支持本品牌的数码相机，而单触点式闪光灯在一些数码相机上的使用效果却很理想，特别是一些国产的带有自动闪光功能的闪光灯，在部分数码相机上使用效果很好，曝光也十分准确，画面质量相当出色。

3. 当使用外接式多触点闪光灯时，大部分数码相机需要用菜单设置为外接式闪光灯，此时内置式闪光灯就会被关闭，直接启动外接式闪光灯。否则，仍然是内置式闪光灯在工作。有些新型的数码相机能自动切换成外接式闪光灯，但数量很少。

4. 在选购数码相机时，需要外接闪光灯的用户应当场安装一个闪光灯试拍，然后用数码相机的彩色液晶显示屏观察照片，最好放大查看，看看闪光灯是否同步，是否能正确配合数码相机的曝光。

SD 卡

SD 卡（Secure Digital Memory Card）中文翻译为安全数码卡，是一种基于半导体快闪记忆器的新一代记忆设备，它广泛地用于便携式装置上，例如数码相机、个人数码助理(PDA)和多媒体播放器等。SD 卡由日本松下、东芝及美国 SanDisk 公司于 1999 年 8 月共同开发研制。大小犹如一张邮票的 SD 记忆卡，重量只有 2 克，但却拥有高记忆容量、快速数据传输率、极大的移动灵活性以及很好的安全性。

UV 镜

UV 镜又称为紫外线滤光镜，即 UltraViolet。通常为无色透明的，不过有些因为加了增透膜的关系，在某些角度下观看会呈现紫色或紫红色。许多人购买 UV 镜来保护娇贵的镜头镀膜，其实这仅仅是它的一项附属功能。UV 镜能减弱因紫外线引起的蓝色调，对于数码相机来说，还可以排除紫外线对 CCD 的干扰，有助于提高清晰度和色彩效果。但是由于 CMOS 的普及，对紫外线的敏感度大大减小，所以如今 UV 镜的作用越来越小，质量一般的 UV 镜有时还可能起到负作用。

5-3 摄影模式

5-3-1 相机拍照

用相机拍照有如图 5-3-1 所示的几种档位。

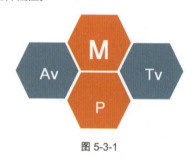

图 5-3-1

一、M（手动档）

用 M 档拍摄可以根据场景和拍摄的需求自由选择光圈、速度，拍出自己想要的效果。但用 M 档拍摄并非简单地将相机调整到 M 的位置就行了，而是要用真正意义上的全手动，包括：手动调整光圈，手动调整速度，手动调焦等。

二、Av 光圈优先

可以手动设置光圈大小，光圈设定后，相机测光后自动设定快门速度。Av 光圈优先的好处是可以自由控制景深大小，大光圈小景深，小光圈大景深。这种档位大都用来拍摄人像。

三、Tv 快门优先

可以手动设置快门速度，快门速度设定后，相机测光后自动设置光圈大小。Tv 快门优先的好处是可以根据拍摄物体的运动速度设定快门速度，大多用来拍摄快速运动物体，或是一些特效，比如慢速拍摄瀑布，可以拍出瀑布像绸缎或云雾的效果。

四、P（智能模式）

除光圈和快门外，其余参数都可以调整。

5-3-2 光圈

光圈是相机镜头中可以改变中间孔径大小的装置，如图 5-3-2 所示，主要用来控制光线落到感光器上的光量，它有很多细小的叶片组成，光圈的大小通常用 f 值表示，完整的光圈值系统为 f1、f1.4、f2、f2.8、f4、f5.6、f8、f11、f16、f22、f32、f44、f64，每增加或降低一档光圈，进入镜头的光量就会加倍或减半。

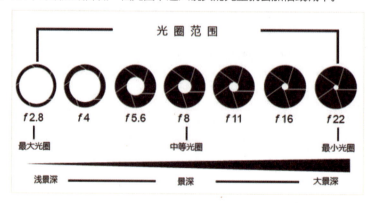

图 5-3-2

5-3-3　快门

与光圈相反，快门是相机镜头前阻止和控制光线进入时间长短的装置，如图 5-3-3 所示。现在很多相机的快门速度都由相机自动控制，但在单反等一些相机中仍可手动设置，快门的速度主要包括 1、1/2、1/4、1/8、1/15、1/30、1/60、1/125、1/250、1/500、1/1000 等，快门速度每增加或降低一档，曝光量就会加倍或减半。

图 5-3-3

5-3-4　感光度

感光度是胶片对光线的化学反应速度，也是制造胶片行业中感光速度的标准。

软片（胶片）对光的敏感度：低感光度指 ISO 100 以下的软片（胶片），中感光度指 ISO 200~800 的软片，高感光度为 ISO 800 以上的软片。用传统相机拍照时，可以根据拍摄环境的亮度选购不同感光度（速度）的底片，例如一般的阴天环境可用 ISO 200，舞台，演唱会等黑暗环境可用 ISO 400 或更高，数码相机也有类似的功能，它借助改变感光芯片里讯号放大器的放大倍数来改变 ISO 值，但当提升 ISO 值时，放大器也会把讯号中的噪声放大，产生粗微粒的影像。

很久以前胶卷上面已经有了能让相机自动识别 ISO 的触点，如果使用具有自动识别 ISO 胶卷功能的相机（装胶卷的仓盒内有识别 ISO 的金属压条），不用进行 ISO 的设置，相机会自动按照胶卷的 ISO 数值进行测光，如果没有这个功能就需要手动设置，所以有些相机上面具有 ISO 拨盘。一般来说 ISO 100 胶卷价格比较便宜，ISO 越高，除了价格越高以外，还有一个缺点，就是成像质量不如低 ISO 低的胶卷成像质量高。但有时为了获得较高的快门速度，也会牺牲画质，使用高 ISO 的胶卷。

5-4　光线运用

5-4-1　色温

所谓白平衡，字面上的理解是白色的平衡。什么是白色？这涉及色彩学的知识。白色是指反射到人眼中的光线由于**蓝、绿、红**三种色光比例相同且具有一定的亮度所形成的视觉反应。白色光是由赤、橙、黄、绿、青、蓝、紫七种色光组成的，而这七种色光又由红、绿、蓝三原色按不同比例混合形成，当一种光线中的三原色成分比例相同时，习惯上人们称之为消色，黑、白、灰、金和银所反射的光都是消色。通俗的理解，白色是不含有色彩成份的亮度。人眼所见到的白色或其他颜色同物体本身的固有色、光源的色温、物体的反射或透射特性、人眼的视觉感应等诸多因素有关。举个简单的例子，当有色光照射到消色物体后，物体反射光颜色与入射光颜色相同，既红光照射下，白色物体呈红色，两种以上有色光同时照射到消色物体上时，物体颜色呈加色法效应，如红光和绿光同时照射白色物体，该物体就呈黄色。当有色光照射到有色物体上时，物体的颜色呈减色法效应。如黄色物体在品红光照射下呈现红色，在青色光照射下呈现绿色，在蓝色光照射下呈现灰色或黑色。通常所说的高低色温如图 5-3-4 所示。

高色温 ←→ 低色温

图 5-3-4

5-4-2　景深

当相机的镜头对着某一物体聚焦清晰时,在镜头中心所对位置垂直镜头轴线的同一平面的点都可以在胶片或者接收器上得到相当清晰的图像,在这个平面沿着镜头轴线的前面和后面一定范围的点也可以形成眼睛可以接受的较清晰的像点,如图 5-3-5 所示,这个平面的前面和后面的所有景物的距离叫做相机的景深,如图 3-5-6 所示。

图 5-3-5

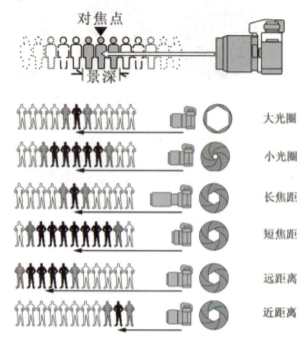

图 5-3-6

5-4-3　对焦

一、自动对焦

传统相机,采用类似目测测距的方式自动对焦,如图 5-4-1 所示。相机发射一种红外线（或其它射线）,根据被摄体的反射确定被摄体的距离,然后根据测得的结果调整镜头组合,实现自动对焦。这种自动对焦方式直接、速度快、容易实现、成本低,但有时候会出错（相机和被摄体之间有其它东西如玻璃时,或者在光线不足的情况下,就无法实现自动对焦）,精度也差,如今高档的相机一般已经不使用此种方式。

图 5-4-1

二、手动对焦

手动对焦是通过手工转动对焦环调节相机镜头,从而使拍摄的照片清晰的一种对焦方式,这种方式很大程度上依赖人眼对对焦屏上的影像的判别以及拍摄者的熟练程度甚至依赖拍摄者的视力。早期的单镜反光相机与旁轴相佳能机基本都使用手动对焦完成调焦操作。现在的准专业及专业数码相机,还有单反数码相机都设有手动对焦的功能,以配合不同的拍摄需要。

三、多点对焦

很多数码相机都有多点对焦功能,或者区域对焦功能。当对焦中心不在图片中心时,可以使用多点对焦,或者多重对焦。除了设置对焦点的位置,还可以设定对焦范围,这样,用户可拍摄不同效果的图片。常见的多点对焦为 5 多重自动对焦点,7 点和 9 点对焦。

5-4-4 光线的运用

1. 直射光:以自然光来说,在晴朗的天气条件下,阳光直接照射到被摄物体受光面产生明亮的影调,非直接受光面则形成明显的投影,这种光线,叫做直射光。

2. 散射光:在光的传播过程中,当光线照射到粒子时,如果粒子大于入射光波长很多倍,则发生光的反射;如果粒子小于入射光波长,则发生光的散射,这时观察到的是光波环绕微粒而向其四周放射的光,称为散射光或乳光。散射光(scattering light)的成因是光子与物质分子相互碰撞,使光子的运动方向发生改变而向不同角度散射。

3. 反射光:物体反射出来的光叫反射光。摄影时利用间接光的配光,与散光照明具有同等的效果。如今频闪灯已经很普及,常用于室内摄影,用这种灯光的方法称为反射闪光。供这种方法使用的工具,有反射伞。当不用伞形反光器时,让光照射到照相机后方明亮的墙上或屋顶上,亮度会降到 1/4 以下,不会出现引人注目的影子,得出不像有灯光照射的照片。亮度的降低可用高感度胶片来补偿。